大航海家鄭和

—人類史上最早的慈航圖證

陳 福 成 編著

文 學 叢 刊
文史哲出版社印行

國家圖書館出版品預行編目資料

大航海家鄭和：人類史上最早的慈航圖證 /
陳福成編著.-- 初版 -- 臺北市：文史哲出
版社,民 110.11
頁； 公分--（文學叢刊；446）
ISBN 978-986-314-571-4（平裝）

1.航海 2.地圖 3.明代

626.24 110017969

文學叢刊 446

大航海家鄭和

── 人類史上最早的慈航圖證

編　者：陳　福　成
出版者：文史哲出版社
http:// www.lapen.com.tw
e-mail：lapen@ms74.hinet.net
登記證字號：行政院新聞局版臺業字五三三七號
發行人：彭　正　雄
發行所：文史哲出版社
印刷者：文史哲出版社
臺北市羅斯福路一段七十二巷四號
郵政劃撥帳號：一六一八〇一七五
電話886-2-23511028・傳真886-2-23965656

定價新臺幣三〇〇元

二〇二一年（民一一〇年）十一月初版

ISBN 978-986-314-571-4 10446

自　序：關於鄭和大航海

——全球最早的慈航圖證

本書之編成與出版動機，純為宣揚「鄭和大航海精神」，彰顯我中國自古以來「不事侵略的艦隊出訪」，留下「全球最早的慈航圖證」。這是中華文化的包容性、慈悲性和平等性，證明中華文化本來就有「人類命運共同體」之元素存在。

本書內容主要整理自：陳致平，《中華通史》（九、十冊）（台北：黎明，民77年）、周鈺森，《鄭和航路考》（台北：中國航海技術研究會，民48年）、經典雜誌，《鄭和下西洋》（台北：經典雜誌，二〇〇二年）。

其他間接參考古籍有：茅元儀（明），《武備志》、費信（明），《星槎勝覽》、馬歡（明），《瀛涯勝覽》、鞏珍（明），《西洋番國誌》、祝允明（明），《前聞記》。

在我們學生時代，課本上講了很多五百年來，葡萄牙、西班牙、荷蘭、英國等「偉大」的大航海事蹟。隨著年歲增長，所知越多，知道很多被竄改的「黑歷史」，原來西方的大航海，都是以上帝基督之名，進行大掠奪、大屠殺，凡不改信基督者全都屠殺。在澳洲、北美、南美等地原住民險些滅種，這是西方大航海的成績。

放眼看看人類史，真正不事掠奪、侵略和屠殺的大航海，就是我們中國明代的「鄭和下西洋」。但為什麼很多我們中國的年輕世代，只知西方那些被竄改的「黑歷史」，認定了西方航海家多麼「偉大」？而不知道自己民族有真正偉大的航海家？為什麼？

因為台灣這幾十年來，太過崇洋，也可能是「去中國化」的結果，西方政客竄改了歷史，隱藏了他們的黑歷史，台灣人又加以「美化」。這樣的結果，使台灣又成為西方列強的「文化次殖民地」，台灣人則成為西洋人的「文化奴才」而不自覺，悲乎！

回頭認識自己的五千年中華文化吧！中國人自古就是不事侵略的民族（長城為證）。鄭和大航海，是全球最早的慈航，有圖為證。

台北公館蟾蜍山　萬盛草堂主人　**陳福成**誌於
佛曆二五六四年　西元二〇二一年八月三十一日

大航海家鄭和——人類史上最早的慈航圖證

目次

第一篇 關於鄭和航海全圖

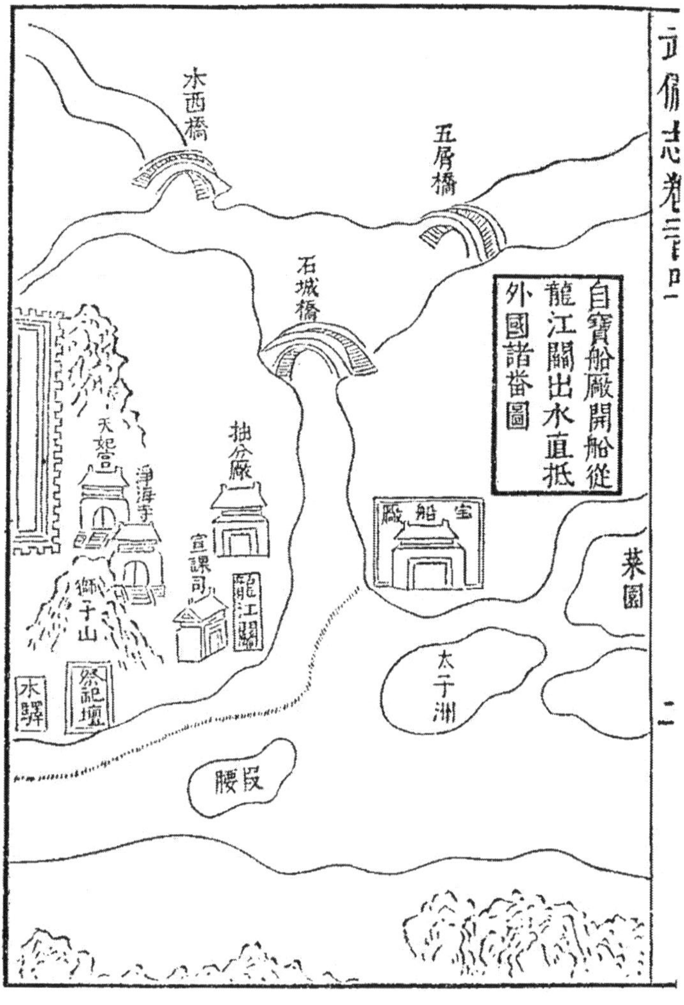

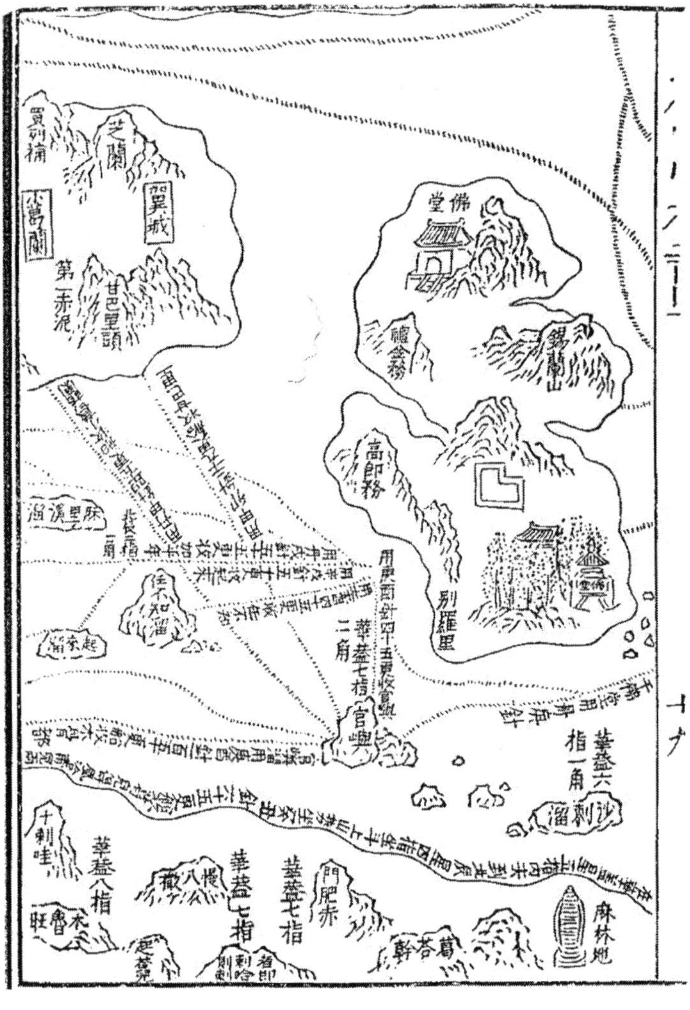
買列補
小葛蘭
第一赤泥
甘巴里頭
佛堂
錫蘭山
高郎務
別羅里
任不知溜
華蓋七指二角
官嶼
華蓋六指一角
沙剌溜
十剌哇
華蓋八指
木魯旺
慢八撒
華蓋七指
門肥赤
華蓋七指
葛荅幹
麻林地

第一章　鄭和出使航海概說

在我國明朝時代，能打破幾千年「陸國」思維，向大海洋去探險的對外功略，最煊赫的一件大事，是「三保太監鄭和下西洋」。

這個「中國的大航海時代」，在人類歷史文明文化演進中，相較於「西方大航海」，體現了完全不同的文明文化高度。西方大航海（葡萄牙、荷蘭、西班牙到英美等），都建立在三個動機和目的上：（一）可傳教控制，以傳基督教為名，改變當地原住民信仰，不信基督教者，大致就是屠殺掉；（二）可佔領掠奪，把金銀運回本國；（三）可奴役利用，奴役當地原住民，壓迫勞力或販賣人口。這就是西方文明文化，所體現的大航海時代的「大事業」。

今南京公園中所塑之鄭和像

圖片來源：陳致平，《中華通史》第九冊（台北：黎明，民77），頁117.

而在中國的大航海整個過程中，不會出現前述三種動機和目的，這是中國文化和西方文化不同的地方。再者，鄭和下西洋始於明永樂三年（一四〇五年），哥倫布始於一四九二年。可以這麼說，鄭和是全球最早不事侵略的大航海家，鄭和出使只有貿易、交流等，另一說法是打探明惠帝下落。

明成祖派遣宦官為特使，到海外宣揚大明國威。在永樂元年（一四〇三年），曾派宦官馬彬出使爪哇，伊慶出使滿剌加（即痳六甲），李興出使暹羅（泰國，《明使》稱「暹羅斛」，後簡稱「暹羅」）。永樂六年，宦官吳賓再出使爪哇，永樂七年宦官張原再使暹羅。永樂十三年，宦官侯顯出使榜葛刺（今孟加拉）。在《明史》中，此類記載尚多。

出使最遠、最久、規模最大、影響最大，最能體現中國文明文化特色者，不事掠奪、侵略、奴役異邦異族者，當推鄭和下西洋壯舉。

鄭和，雲南人，本姓馬，其原籍為西域人。（漢代時，天山南麓玉門關、陽關以西列國和地區，都叫西域，後漸擴大到波斯也叫西域。鄭和遠祖西域應是天山南麓一帶。）到元初移居雲南，其父祖都是回教徒。

洪武十五年（一三八二年），春閏二月，藍玉、沐英、傅友德等克大理，擒土酋莎段世，屬郡悉下，平定雲南，被閹入宮。

查繼佐《罪惟錄》云：「鄭和初名三保，雲南人，與西番人猛驥，初名添兒；滇人李謙，初名保兒；胡人祥雲，初名猛哥；田嘉禾，初名哈刺帖木兒；而狗兒者為王彥，燕王時，皆以閹從起兵有功，後皆賜姓名；而彥亦數戰先登，入國後，皆授太監。」

在鄭和第一次出使（永樂三年，一四〇五年）前，鄭和請當時禮部尚書李至剛撰鄭和父〈故馬公墓誌銘〉，對鄭和出身應最詳實可靠。其文曰：

「公字哈只，姓馬氏，世為雲南昆陽州人。祖拜顏，妣馬氏，父哈只，母溫氏。公生而魁岸奇偉，風裁凜凜可畏，不肯枉己附人，人有過，輒面斥不隱，性尤好善，遇貧困及鰥寡無依者，恒護賜給，未嘗有倦容，以故鄉黨靡不稱公為長者。娶溫氏，有婦德，子男二，長文銘，次和，女四人。和自幼有材志，事今天子，賜姓鄭，為內官監太監，公勤明敏，謙恭謹密，不避勞勳，縉紳咸稱譽焉。嗚呼，觀其子而公之積累於平日與義方之訓可見矣。公生於甲申（一三四四）年十二月初九日，卒於洪武壬戌（一三八二）七月初三日，享年三十九歲。長子文銘，奉柩安厝於寶山鄉和代村之原，禮也。銘曰：身處乎邊陲，而服禮義之習；安分乎庶民，而存惠澤之施；宜其餘慶深長，而有子光顯於當時也」。（袁嘉穀滇繹）。

按明史列傳：「李至剛名鋼，以字行，松江華亭人；洪武二十一年舉明經選侍懿文太子，授禮部郎中；坐累謫戍邊，尋召為工部郎中，遷河南右參議，河決汴堤，至剛議借王府積木，作筏濟之。建文中調湖廣左參議，坐事繫獄。成祖即位，左右稱其才，遂以為右通政，與修太祖實錄，朝夕在上左右，稱說洪武中事，甚見親信；尋進禮部尚書；永樂二年冊立皇太子，至剛兼左春坊大學士」（明史卷一五一列傳三九）。

鄭和的長相應該也很威武，天生就有不凡的氣勢。明代作家袁忠徹，在他所撰《古今識鑒．卷八》，談述了鄭和的長相。其文云：

「內侍鄭和，即三保也。雲南人，身長九尺，腰大十圍，四岳峻而鼻小，法反此者極貴，眉目分明，耳白過面，齒如編貝，行如虎步，聲音洪亮，後以靖難功，授內官太監，永樂欲通東南夷，上問以三保領兵如何，忠徹對曰：三保姿貌才智，內侍中無與比者，臣察其氣色，誠可任，遂令統督以往，所至畏服焉」。

可以見得是，鄭和在小時候就被閹入宮，派往燕王府當一個小太監，自幼事奉明成祖，賜姓鄭名和，後來官至內官監太監。按史料所述，鄭和為人，精明能幹，謙恭謹慎，尤其勇於負責，不辭勞苦，深得明成祖信任，視為心腹。並從道衍（姚廣孝，禪宗僧人、詩人、明成祖之謀臣）受「菩薩戒」，皈依佛教。時人稱鄭和「三保太監」，三保亦作三寶。三保（寶）名稱由來有二：（一）鄭和皈依「三寶」（佛、法、僧謂之三寶），故稱「三寶太監」；（二）謂三保為鄭和的小名。

鄭和出使西洋前後七次。所謂西洋者，《明史．婆羅傳》曰：「婆羅又名文萊，東洋盡處西洋所自起也。」其出使之目的，據《明史．鄭和傳》說是：「成祖疑惠帝亡命海外欲蹤跡之。」這只是一種傳說，或附帶之使命，其主要目的還是「欲耀兵異域、亦中國富強」；另兼海外貿易、交流、采異域寶物，故其船叫「寶船」。

當時鄭和航路，從長江出海，沿中國海岸南航，到今越南，再往南以婆羅洲為中界，婆羅迤東為東洋；婆羅迤西，包括爪哇、蘇門答剌、馬來半島、到印度洋，皆謂之西洋。

壹、鄭和第一次率艦隊六十二艘出使經過

明永樂三年（一四〇五年），鄭和第一次出使。在出使之前兩年，已開始籌備並大造船，共完成六十二艘「大寶船」，尚有一百多小船，整個艦隊有兩萬七千八百多人。大船長四十四丈，寬十八丈，真謂聲勢浩蕩。

是年夏六月，從蘇州劉家港（即瀏河口）出海到福建，再從福建五虎門，揚帆渡海，先到占城（今越南歸仁）。遍訪南洋各島國，滿剌加（即麻六甲）、舊港（即巨港，一作浡淋邦、巴林馮，在今蘇門答臘島東南）、爪哇、蘇門答剌、錫蘭、遠至印度的柯枝和古里等地。所到之處，頒布中國皇帝詔書，宣揚大明德威。

曾有舊港地方首領陳祖義（原廣東潮州人，元末為海盜集團之首，明洪武年間，全家到南洋，壯大海盜集團達萬人之眾。）欲謀劫奪鄭和寶船。因施進卿（廣東人，一三六〇─一四二三，當時舊港的統治者）告密，乃發兵將陳祖義俘執。

這舊港即故三佛齊國（宋代以前稱室利佛逝，元後叫三佛齊），三佛齊在明太祖時被爪哇所滅，後又有內亂，被華僑梁道明、陳祖義所控制。陳祖義為當時華僑中，勢力最大者。

這次鄭和出使，在海外兩年，於永樂五年（一四〇七年）九月還朝。隨船歸國者，除俘虜陳祖義外，還有南洋各國所派的朝貢使者。明成祖大喜，分別爵賞諸將，並戮陳祖義於市。又詔設「舊港宣慰使司」，以忠於鄭和的施進卿為宣慰使，賜以印誥，舊港即成明之藩屬。

貳、鄭和第二次出使經過

經第一次出使，鄭和功業彪炳，大明國威遠播諸異邦，明成祖大為振奮，命鄭和繼續再度出使。鄭和第二次出使，在永樂六年（出海在七年），規模同第一次，所到之地有占城、爪哇、滿剌加、蘇門答剌、暹羅、柯枝、古里、錫蘭等。

這第二次出使，發生最大一樁事，是鄭和到了錫蘭時，與其國王亞烈苦奈兒（Alogakkonarai），發生一場戰爭，鄭和擊敗其國王，並將其俘虜以歸。

這位國王以「負固不恭、謀害舟師」，被鄭和覺察，乃先離開錫蘭，前往他國，回程再到錫蘭。這位國王仍惡性不改，襲擊鄭和船隊，鄭和乃發兵，大敗國王軍隊，並俘獲這位桀驁不遜的國王亞烈苦奈兒。史稱「錫蘭山之戰」，時永樂九年（一四一一年）七月六日。（永樂九年六月十六日）

鄭和於九年回國，獻亞烈苦奈兒於朝。明成祖為表示大明德威，並未殺他，而是讓錫蘭山另立國王，向世人宣示大明王朝「犯我中華者，雖遠必誅」的信念。

參、鄭和第三、四次出使經過

第三次出使，是永樂十年（一四一二年），離海出發大約是永樂十一年。這次所到之處有：滿剌加、爪哇、占城、蘇門答剌、阿魯、柯枝、古里、南巫里（又作南浡里 Lambri，蘇門答剌島西一小國）、彭亨（Pehang，在馬來半島東南）、忽魯謨斯（Armus 或 Ormuz，亦譯忽里模子，在波斯灣出口處）、比剌、溜山（今錫蘭西）等，遠航到印度洋西波斯灣一帶。

這次鄭和經過蘇門答剌時，適逢該地發生內亂。有蘇門答剌前王子蘇幹剌發兵襲擊鄭和船隊，鄭和率兵與戰，大破之，將蘇幹剌俘虜，於永樂十三年七月還朝。

此戰因蘇幹剌謀殺老國王，蘇幹剌又恨鄭和未賞賜，率水軍截襲鄭和船隊，結果大敗，自己也成了俘虜。回朝後，明成祖下令殺之，鄭和聲威遠震。

永樂十四年時，南洋滿剌加、古里等十九國遣使來朝，這些貢使中，有非洲東岸國家。明成祖為答聘這些異邦，特命鄭和護送各使者回國，於是有第四次出使。

第四次出使，於永樂十四年冬奉命，十五年出發。出發前，鄭和曾物色了很多精通阿拉伯與西方語之通譯人員隨行，出使地方約同前三次而更廣泛。在外時間共兩年，永樂十七年回朝。

肆、鄭和第五、六、七次出使經過

第五次出使，是在永樂十九年春，二十年秋返國。這次的主要任務，是送忽魯謨斯等國使者東還波斯，故航程遠到阿拉伯南岸和非洲東岸，隨鄭和一同來中國者，有蘇祿（蘇祿蘇丹國，菲律賓西南的島國）等國使臣。

第六次在永樂二十二年，出使原因，是因為前受明成祖冊封的舊港宣慰使施進卿去世，其子施濟孫，請襲父職。明成祖乃派鄭和為使，賜以印信等物。此行最短，使命完成便北返，時成祖已晏駕。

第七次出使在明宣宗宣德五年（一四三〇年）。據《明史．鄭和傳》說其出使原因，是宣宗即位數年，以前來朝的諸國，很多都不來朝貢，於是再派鄭和、王景弘等出使西洋列邦。這次規模同第一次之浩大，全艦隊共有二萬七千五百人。

所到地方，據《明史宣宗宣德實錄》所載，有忽魯謨斯、錫蘭山、古里、滿剌加、柯枝、卜剌哇（Brawa，非洲東岸）、木骨都束（Mogadicio，非洲東岸）、南浡里、蘇門答剌、剌撒（阿拉伯海岸）、溜山、阿魯（Aru）、甘巴里（Coimbator）、阿丹（即亞丁，Aden）、竹步（Jubb，非洲海岸）、加異勒等地。

此行目的完全是宣揚國威，所以航程也最遠，在外達三年之久，於宣德八年（一四三三年）始回。

伍、鄭和副使多人也曾有豐功偉績

鄭和是以正使太監身份，統領整個艦隊出使西洋，近三萬兵力的海軍艦隊，以現代編制論，鄭和至少是「海軍上將」（三顆星或更高）。而他的副使，至少也是「海軍中將」，他的副使有王景弘、侯顯、朱良、李興、楊敏、洪保等多人，他們往往在分䑸時率領支隊分使諸國，亦建立了顯赫功業。

王景弘是鄭和得力助手，多次隨鄭和出使，宣德五年（一四三〇年）的出使曾與鄭和同為正使，人稱王三保，相傳他的分䑸曾到台灣。

侯顯曾隨鄭和出使兩次（永樂五年、七年）。他的功績是出使烏思藏，即吐蕃也就是西藏地方，西藏從元朝結束便與中國疏離。明太祖以其地遙遠，欲加以懷柔，洪武初曾遣使招諭，烏思藏亦遣使入朝，太祖均加以封賜。曾封八思巴（西藏佛教薩迦派第五代法王，也被認為是達賴喇嘛前世之一，本名羅卓堅贊。）之後為「圓智妙覺弘教大師」，令「統治僧民」，永為教中之稱首；又封其高僧答力麻八剌為灌頂國師。

到永樂時，烏思藏高僧哈立麻（一三八四年—一四一五年，藏傳佛教黑帽派五世活佛），為國人崇敬，尊稱「尚師」。永樂元年，明成祖遣司禮少監侯顯，偕同僧人智光，奉書幣往迎，元年四月奉使，陸行數萬里至四年十二月，終將哈立麻奉迎至京師。

成祖親自延見，又賜宴華蓋殿，五年二月建普度大齋於靈谷寺（在南京玄武區，始建於梁武帝天監十四年，五一五年，為紀念寶志禪師而建，初名開善寺），為高帝高后祈福。

成祖前後賜哈立麻黃金白銀，以千百計，還有許多珍寶，封哈立麻為「如來大寶法王、西天大善自在佛、領天下釋教」；其有三徒弟，均封灌頂大國師，禮遇隆重。至永樂六年辭歸，復命中官護行，哈立麻一生和明成祖建立深厚的私人友誼。侯顯亦以奉使功勞，升為太監。

永樂十一年，侯顯又奉命宣慰西番尼八剌、地湧塔二國，尼八剌王特遣使隨侯顯入朝，貢方物，詔封國王，賜誥印。十三年成祖復命侯顯率舟師出使榜葛剌（孟加拉），其王遣使入貢麒麟與方物。

榜葛剌之西有中印度國沼納樸兒（喬恩普爾蘇丹國，《明史》稱沼納樸兒）入侵榜葛剌，榜葛剌求助於成祖，成祖再命侯顯於十八年出使，前往宣諭調解；沼納樸兒國王亦不剌金乃退兵而去。

到了宣宗宣德二年，再命侯顯出使西南諸番國，遍歷烏思藏、必力工（藏傳佛教止貢噶舉派領袖封號）、瓦靈藏（密宗之一）、思達藏（薩迦派封號）等地而還。

侯顯有辯才，勇於負責，兩次任鄭和副使，五使絕域，令諸番賓服，其豐功偉績不亞於鄭和。惟後世多僅知鄭和，而不知侯顯。

其他為鄭和之副使，洪保曾在永樂十年出使暹羅，楊敏則曾出使榜葛剌和暹羅諸國。一般人對「太監」印象很負面，但明初這些太監為當時中國的強盛，也立下不朽功業，深值歷史為他們稱頌。

可能不止現代人，歷史上各朝代的常民百姓，對「太監」印象也不好，這可能受那些惡質太監（如趙高、魏忠賢等）影響。不過，轉世之後，他們若有選擇，絕不會選擇當太監吧！

陸、鄭和下西洋之評述與影響

「太監怎麼有機會建立豐功偉業？」應是不可能，至少在明太祖建制時，就嚴格規定「不得兼外臣文武銜、不得御外臣冠服，官無過四品、不得干預政事，預者斬。」只是白紙黑字都是死的。《明史．宦官傳》曰：

明太祖既定江左，鑒前代之失置，宦者不及百人；迨末年頒祖訓，乃定為十有二監及各司局，稍稱備員矣。然定制不得兼外臣文武銜，不得御外臣冠服，官無過四品，月米一石，食於內庭；嘗鑄鐵牌置宮門曰內臣不得干預政事，預者斬；敕諸司不得與文移往來，有老閹供事久，一日從容語及政事，帝大怒，即日斥還鄉，嘗用杜安道為御用監，安道外臣也，以鑷工侍帝數十年，帷幄計議皆與知，性縝密不泄，過諸大臣前一揖不啟口而退，太祖愛之，然亡他，寵異後，遷出為光祿寺卿。有趙成者，洪武八年以內侍使河州市馬，其後以市馬出者又有司禮監慶童等，然皆不敢有所干竊。建文帝嗣位，御內臣益嚴，詔出外稍不法，許有司械聞，及燕師逼江北，內臣多逃入其軍，漏朝廷虛實，文皇以為忠於己，而狗兒輩復以軍功得幸，即位後遂多所委任；永樂元年內官李興奉敕往勞暹羅國王，三年遣太監鄭和帥舟師下西洋，八年都督譚青營有內官王安等，又命馬靖鎮甘肅，馬騏鎮交阯，十八年置東廠令刺事，蓋明世宦官出使專征監軍分鎮刺臣民隱事諸大權，皆自永樂開始。（明史卷三百四宦官傳）。

可見太監之能獲得大權，成就大事，是從明成祖開始。太監得到重用還有一個原因，成祖起兵時，諸閹無所顧惜，從燕王起兵有功。查繼佐《罪惟錄志》曰：

明累朝率中貴用事，百職咸迎氣息恐後，遂至閣殿不能為天子下一人，則皆自太宗一人始之矣。燕初起，不可為，名士大夫多縮匿，而諸閹無所顧惜，且多域外人，文皇既借其鋒，便不能如祖訓云云，勢使然也。和之傳征外國，安之監視京營，靖之協鎮三邊，因而刺事東廠，出守留都，分蔭弟姪，至於規畫營造，不足論矣。（罪惟錄傳二十九鄭和王安阮安沐敬劉永誠傳）。又云：「燕王舉兵，諸宦侍勸北兵直搗京師，遂以得國」（罪惟錄志五十二上永樂逸記）。則鄭和於洪武中以閹人身份入宮，後從燕王起兵有功，擢升太監；復因「知兵習戰」「博辯機敏」而被重用。

太監獲得明成祖重用，乃打破祖制，成就「鄭和下西洋壯舉」，可謂是中國數千年未有之開創性大業，陸國向海洋發展思維的「誕生」。其影響可從政治、經濟、文化三方面簡述。

政治方面。將國家之政治勢力範圍，拓展到南洋，使舊港和滿拉加都成藩屬，而滿拉加也成為海上軍事基地。連帶榜葛刺成為盟邦，錫蘭山也在遙控中。

在永樂時，北起中南半島，南至馬來半島南洋群島，西到印度洋上各海港直抵忽魯謨斯和木骨都束，都遣使朝貢；尤以占城（越南中部一古國）、暹羅、爪哇、蘇門答刺的貢使為頻繁。使明初國家聲勢，可以媲美漢武帝、元世祖。就是到了廿一世紀，政治意義依然存在，其影響可謂穿透時空。僅在「全球最早不事侵略的大航海」高度，足以傲視全人類歷史，令西方大航海貶抑至跌落神壇，讓人反思西方文明文化的重大缺點。

經濟上則只是一種附帶作用，如促進海內外通商貿易。畢竟明成祖令鄭和下西洋，本質上是宣揚國威，不是經商做生意。自古以來，中國土地上「擁有一切資源」，不需要海外資源。但養個大艦隊，要花很多錢，國家強盛時可以承擔，衰弱時就成了沈重負擔。

當成祖晏駕，仁宗即位時，朝廷大臣便群起反對鄭和出使。原因是：「三保太監下西洋，費錢糧數千萬，軍民死且萬計，縱得奇寶而回，於國家何益？此特一弊政，大臣所當切諫者也！」故鄭和從西洋歸來，即詔令以所率諸軍守備南京。不料仁宗在位不到一年去世，宣宗繼位，情勢又有改變！

鄭和停止下西洋後，各國朝貢也停了。為維持國家威信，宣宗不得不再下令鄭和的第七次出使，也是最後一次。可以從經濟上解釋財政不能負擔，也可以從大環境解釋中國海洋思想尚未形成，所以大航海不能持續，鄭和出使只是帝王的「虛榮」而已。

比較深遠持久的還是文化方面。鄭和所到之處，往往立石紀功，對文化交流傳播，久久不絕。一方面中國人得到更多海外知識，促進中外文化交流。例如，隨行出使的馬歡，後來著有《瀛涯勝覽》一書；費信著《星槎勝覽》一書；鞏珍著有《西洋番國志》一書。

這三本書都是親身見聞，成為研究鄭和下西洋三部重要參考書；同時也是研究十五世紀南洋西洋列邦，極有價值的參用史料。

柒、關於鄭和出使時次的考證

鄭和下西洋是歷史上一件大事，是中國艦隊最早最遠的航行（早哥倫布發現美洲六十年，早維嘉達哥馬 **Vasco Da Gama** 發現印度洋七十年）。早已引起歷史家的研究熱潮，將隨著中國崛起強大，世界史將重新定位鄭和下西洋壯舉。

鄭和研究除官修史籍外，另有各地發現的鄭和碑刻。尤其江蘇〈婁東劉家港天妃宮通番事蹟碑〉和福建〈長樂南山寺天妃靈應記碑〉皆鄭和親立，而劉家港和長樂是出航地，兩碑史料彌足珍視。（唯劉家港原碑不存，僅有明錢穀之吳都文粹續集與顧亭林之天下郡國利病書中抄錄之文）但官修正史與上述各項史料所記鄭和出使年月與次數，皆有出入，不盡相同。其原因：各種記錄有以奉詔為出使之時者，有以出航為出使之時者，出航又因港地而不同。再則為無論為官書、為私修，其傳鈔、版本，以及記錄本身均難免有遺漏與訛誤。

前人記鄭和出使，大都本諸明史紀傳，比較單純一致，常稱為舊說。近人研究鄭和出使多參證碑刻與其他各種筆記資料，乃比較深入，常稱為新說。鄭和在永樂三年第一次的出使，和宣德五年最後的出使，無論史籍碑刻所記之年皆相同，並無問題，問題是在中間的五次，時間記錄不一。而五次中，主要的是第二次與第三次的混淆（碑刻有永樂五年一次，明史無）及永樂二十二年正月出使舊港之役的有無（見明史不見碑刻）。

近代國人之治鄭和史者，先之有梁任公先生，繼之有馮承鈞、向達、鄭鶴聲（曾訪得南京下關靜海寺碑）、許雲樵、方豪，徐玉虎諸先生，茲摘錄其中數說，列表於後，以供參證。

㈠梁任公先生的考訂

使次	首途時	回航時
第一次	永樂三年六月	永樂五年九月
第二次	永樂六年九月	永樂九年六月
第三次	永樂十年十一月	永樂十三年七月
第四次	永樂十四年冬	永樂十七年七月
第五次	永樂十九年春	永樂二十年八月
第六次	永樂廿二年正月	同年月不詳
第七次	宣德五年六月	宣德八年七月

（按以上大致仍本舊說，參見飲冰室專集之九鄭和傳。）

(二)鄭鶴聲先生的考訂（參據南山寺碑與星槎勝覽前聞記等）

次數	西元出國時期		回京時期	備考
第一次	一四〇五至一四〇七年	永樂三年六月十五日奉命出使，其年冬出海。	永樂五年九月初二回京復命。	
第二次	一四〇七至一四〇九年	永樂五年九月後奉命出使其年冬末或次年春初出海。	永樂七年夏季回京復命	本年二月鄭和尚在錫蘭
第三次	一四〇九至一四一一年	永樂七年秋奉命出使其年十二月出海（星槎勝覽）	永樂九年六月十六日回京復命。	
第四次	一四一二至一四一五年	永樂十年十一月十五日奉命出使約十一年冬出海	永樂十三年七月初八日回京復命。	十一年四月因奉敕差往西域天方國道出陝西求通譯人才
第五次	一四一六至一四一九年	永樂十四年十二月初十奉命出使約十五年冬季出海	永樂十七年七月十七日回京復命。	十五年五月十六日因往西洋忽魯謨斯等國至泉州行香
第六次	一四二一至一四二二年	永樂十九年正月三十日奉命出使約二月杪出海	永樂二十年八月十八日	
第七次	一四三〇至一四三三年	宣德五年六月初九日奉命出使六年十二月初九日出海（前聞記）	宣德八年七月初六日回京。	
舊港之役	一四二四年	永樂二十二年正月十一日奉命出使。	永樂二十二年七月後。	

（將舊港之役，置於七次之外。）

(三)方豪先生的考訂（據明史本紀與南山寺碑所記之不同列表）

碑記回數	舊說回數	奉詔日期	出發日期	離中國海岸日期	回京日期	舊說根據
1	1	永樂三年六月十五日		同年（十月——十二月）	五年九月二日	明史
2		永樂五年九月十三日		本年冬末或次年春初	（七年夏）	
3	2	永樂六年九月二十八日	七年九月	七年十二月	九年六月十六日	實錄
4	3	永樂十年十一月十五日		十一年	十三年七月八日	實錄
5	4	永樂十四年十二月十日		（十五年秋——冬）	十七年七月十七日	明史
6	5	永樂十九年正月三十日	同年秋		二十年八月十八日	明史
	6	永樂二十二年正月十六日			二十二年八月初以前	明史
7	7	宣德五年六月九日	同年閏十二月六日	六年十二月九日	八年七月六日	實錄

（參見方著中西交通史第十三章，上表舊說中第六次永樂二十二年之出使即舊港之役。）

(四)徐玉虎先生的考訂

（先作新舊兩派比較表，又作劉家港南山寺兩碑對照表，參照諸碑刻史籍考證詳諳作成結論如下表。）

次數	出使時期	回國時期
第一次	永樂三年六月十六日	永樂五年九月初二日
第二次	永樂五年出海	永樂七年
第三次	永樂七年出海	永樂九年
第四次	永樂十一年出海	永樂十三年
第五次	永樂十四年十二月初十出海	永樂十七年七月（碑文闕載）
第六次	永樂十九年出海	永樂二十二年冬（？）
第七次	宣德五年六月初九	宣德八年七月六日到京

（關於永樂二十二年舊港之使，認爲明史之誤，以上參見大陸雜誌第十三卷第一期關於鄭和的幾種碑刻，及大陸雜誌第二〇卷第六期明史中鄭和下西洋年代之謬誤考。）

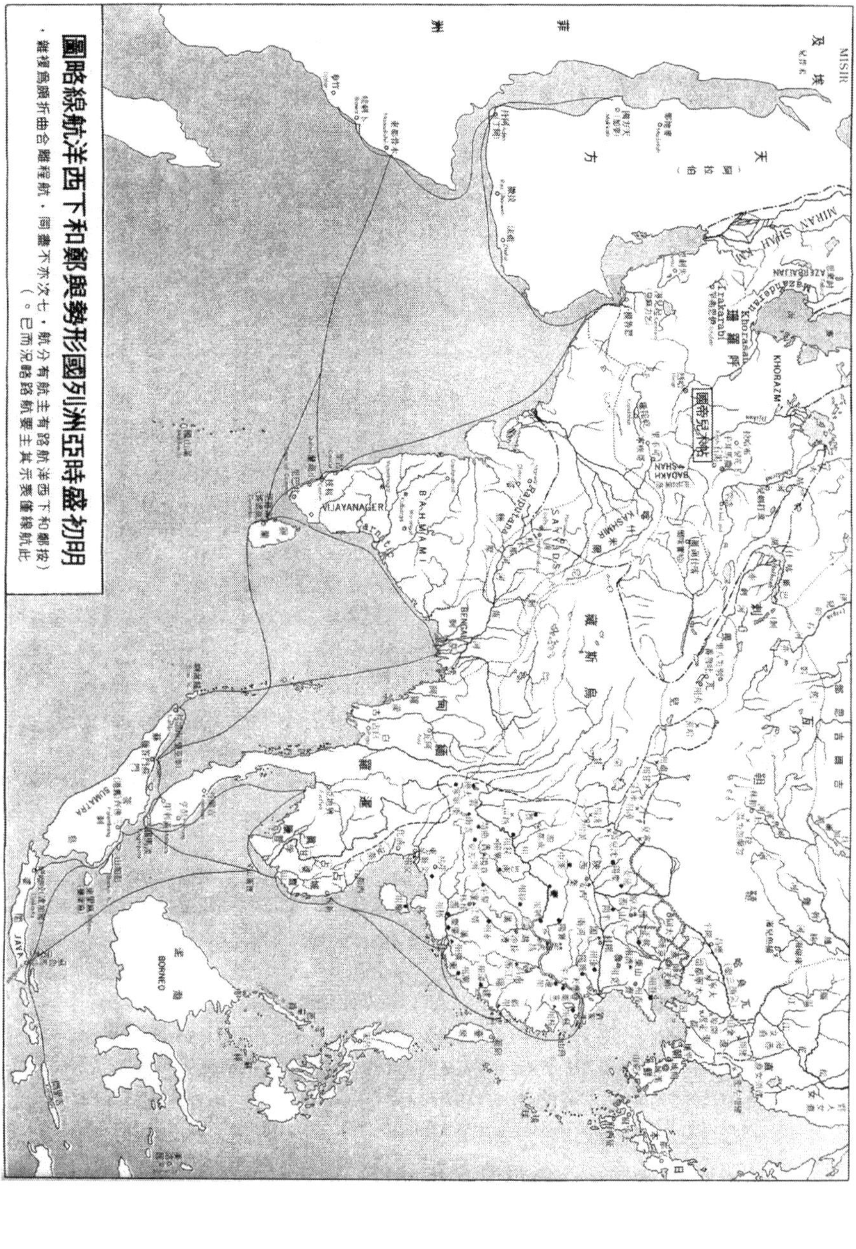

明初盛時亞洲列國形勢與鄭和下西洋航線略圖

（按鄭和下西洋航路有主航有分航，七次亦不盡同，航程曲折頗複雜，此航線僅表示其主要航路略況而已。）

第二章　鄭和航海全圖

十五世紀西方世界所謂的「大航海時代」，基本上都是以上帝基督之名，進行大掠奪、大奴役、大屠殺的過程，最後成就帝國主義。當西方那些國王（較早西班牙、荷蘭，再來是英國等）派出的探險家，發現一個「新大陸」或新的島嶼地區，會先要求當地原住民放棄自己原有信仰，改信基督。

原住民當然不可能放棄自己的信仰。剛開始，征服者表達一些「善意」，即事先「告知」，告知再不改信基督教，後面的暴力都是合法的。例如，一五一三年西班牙國頒佈一種《條件書》（Reguerimiento），針對已被征服的南美洲印加部落國，在使用暴力前先進行宣讀。大意有如下幾段：（註一）

……唯一且永恒的我主上帝是天與地、男人與女人的創造者，你我及世上所有的人都是他創造的最初之人的後裔……在創世之後的五千多年裡，人類後裔的數量已經大大增加……上帝於是安排聖彼得掌管天下所有人……因此我請求你們，也是命令你們……接受教會作為你們在這世上的傳道人和領路人，接受被稱為教皇的至高無上的神父，接受作為統治者的國王，因為他們都代表著教會……如果你們不照我說的做……

我們會在上帝的幫助下對你們發起攻擊，我們會在各個地方以各種方式與你們交戰，直到你們遵從教會和國王的旨意。我們還會把你們的婦女和兒童抓去做奴隸，或用來販賣，或依照國王陛下的意願處理。我們會用盡所有辦法懲罰和傷害你們。而且我不得不重申這種死亡與毀滅的結果「完全」是由你們自己的錯誤造成的。

十五世紀地球上各洲島原住民仍是「弓箭時代」，處於部落狀態。而當時西洋各國已進入「熱兵器時代」，使用火力強大的槍砲武器，他們與原住民的「交戰」，完全是一場場大屠殺，除非完全接受《條件書》所訂，放棄原有信仰，完全改信上帝基督。

十五世紀之後的數百年，歐洲白人國到達北美、南美、澳洲、南洋……無數的原住民被屠殺，十八世紀美國建國更是有計劃對印第安人進行「滅種屠殺」。美國那些所謂的「開國英雄」，如傑佛遜、華盛頓等，皆以販賣黑人和屠殺印第安人為其功業。

上帝基督的文明，發展成帝國主義，而用「民主、人權」包裝起，真是西方文明文化給人類帶來的大災難。很可惜，人的生命短暫，只活在「現在」，無數人信了上帝基督，而不看過往歷史，以為上帝基督真的是和平的、仁慈的！這是多麼的悲哀！

西方文明發展到現在二十一世紀，其實並未改變「嚴重種族歧視」的本質。目前我們仔細觀察美國、英國、加拿大、澳洲等這些「央格魯殺克遜」白人掌權之國，可以說製造了地球上九成的災難，這是很可惡令人痛恨又無助的地方。

別說數百年前如此，就是到了二十世紀他們已建立所謂「現代化國家」。還是高舉上帝基督之名，對很多異族進行屠殺，美國白人開飛機轟轟黑人社區，任意殺害黑人，幾乎常有的新聞。澳洲、加拿大，強制把原住民孩子數十萬帶離原生家庭，分散由白人家庭教育，強制改信基督教，導致許多兒童死亡（被虐、被殺、被性侵等），而這種事才不過幾十年前發生在那些「白人國」。西方文明文化必須「改造」，否則不適人類社會；若其不改造，任其壯大，必給人類帶來更大災難，勿言之不預！

一樣的大航海，一樣的大發現，鄭和的「寶船」裝滿中國寶物，與所有造訪的南洋西洋各國交換禮物，結交朋友。為適應南洋到東非一帶人民宗教信仰（伊斯蘭教、佛教），明成祖派出有相同信仰的鄭和（生在伊斯蘭教家庭、後皈依佛教）為艦隊統帥。這是中國之文明文化，體現人類應該尊重、包容、平等，因為「人類命運共同體」。

這章鄭和航海全圖，照錄周鈺森《鄭和航路考》一書。（註二）雖不易解讀，但可看出鄭和艦隊在六百多年前去了哪裡！

註　釋

註一　金．麥考瑞（Kim MacQuarrie），馮璇譯，《印加帝國的末日》（新北：自由之丘文創事業／遠足文化事業股份有限公司，二〇一八年十月），頁一〇五—一〇六。

註二　周鈺森，《鄭和航路考》（台北：中國航海技術研究會，民國四十八年六月），第一章。

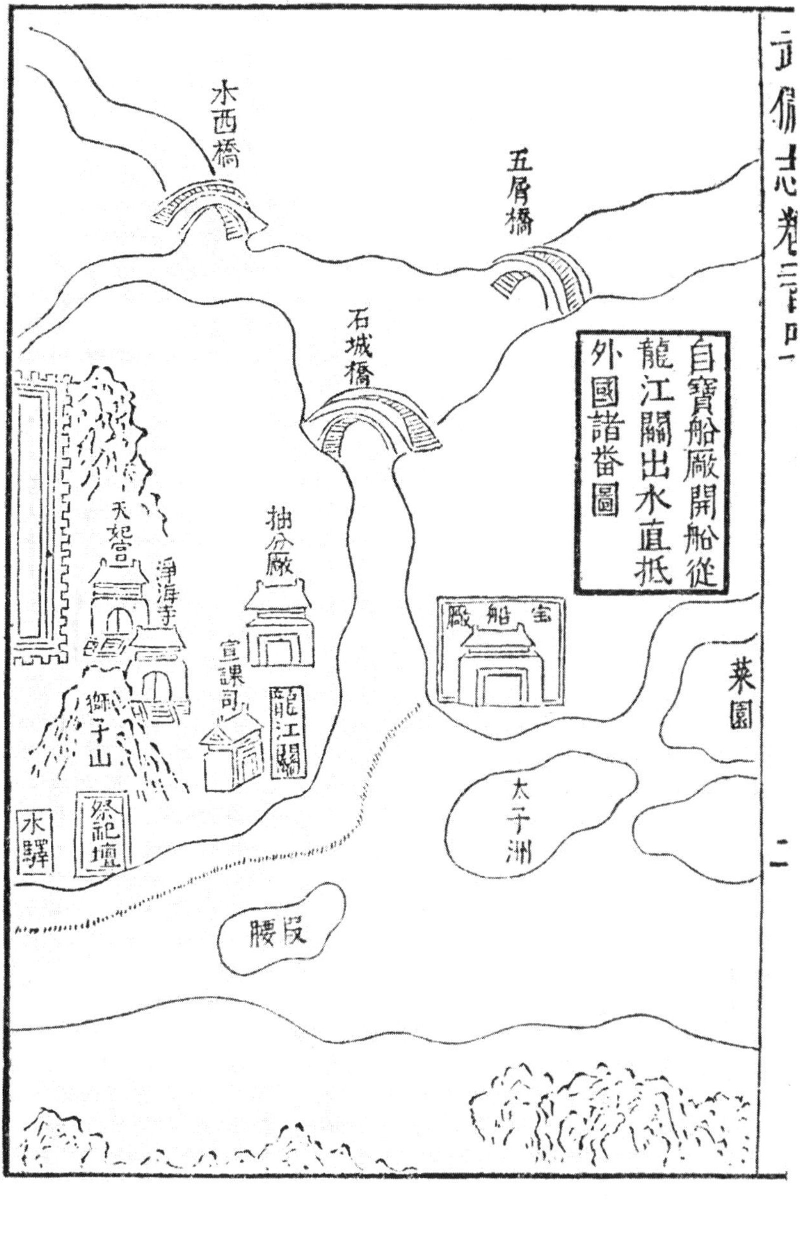

武備志卷二百四十
二
自寶船廠開船從龍江關出水直抵外國諸番圖
水西橋
五層橋
石城橋
天妃宮
淨海寺
抽分廠
宣課司
龍江關
宝船廠
獅子山
祭祀壇
水驛
菜園
太子洲
段腰

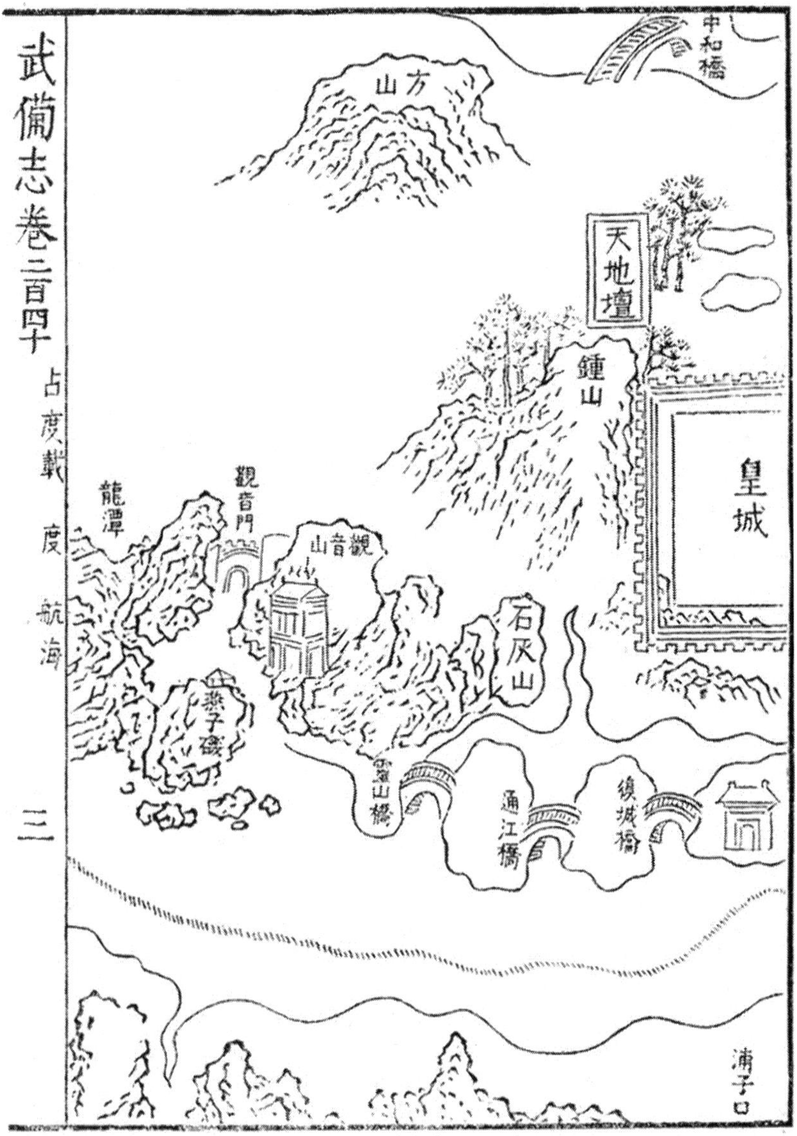
武備志卷二百四十
占度載
度
航海
三
中和橋
方山
天地壇
鍾山
皇城
龍潭
觀音門
觀音山
石灰山
燕子磯
通江橋
浦子口

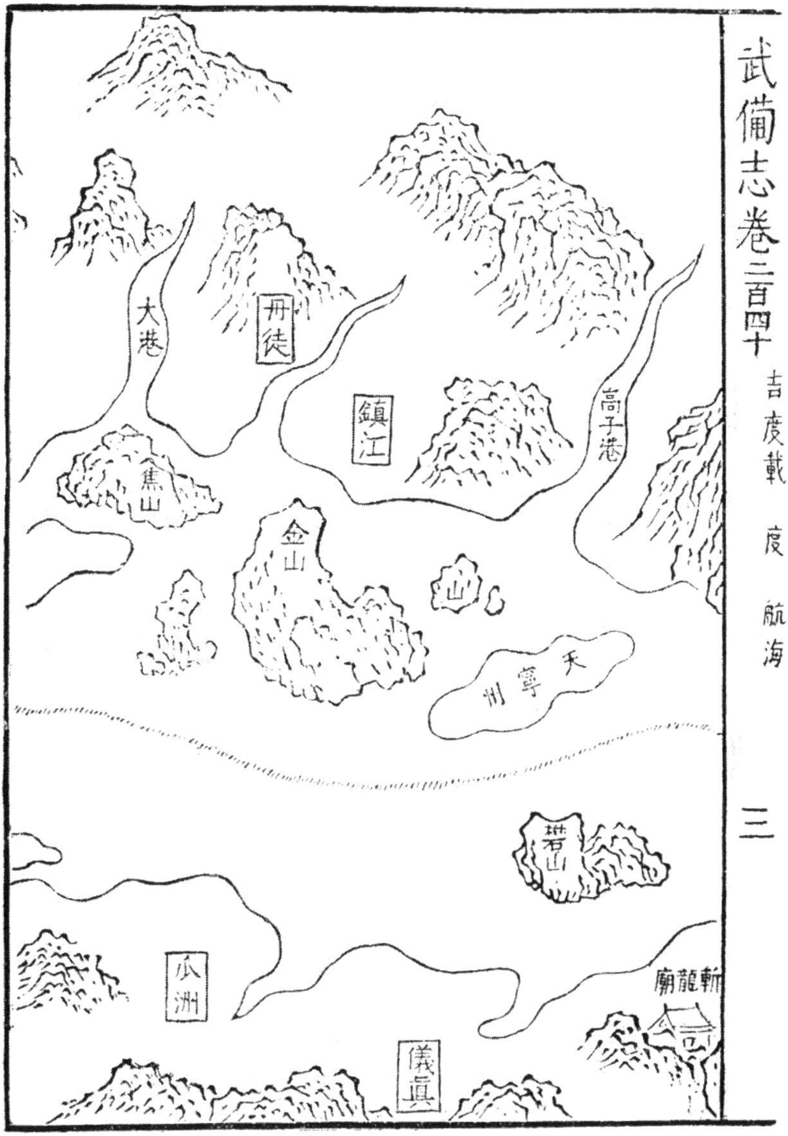
武備志卷二百四十
航海
三
大港
丹徒
鎮江
高子港
焦山
金山
山
天寧州
瓜洲
儀真
新龍廟

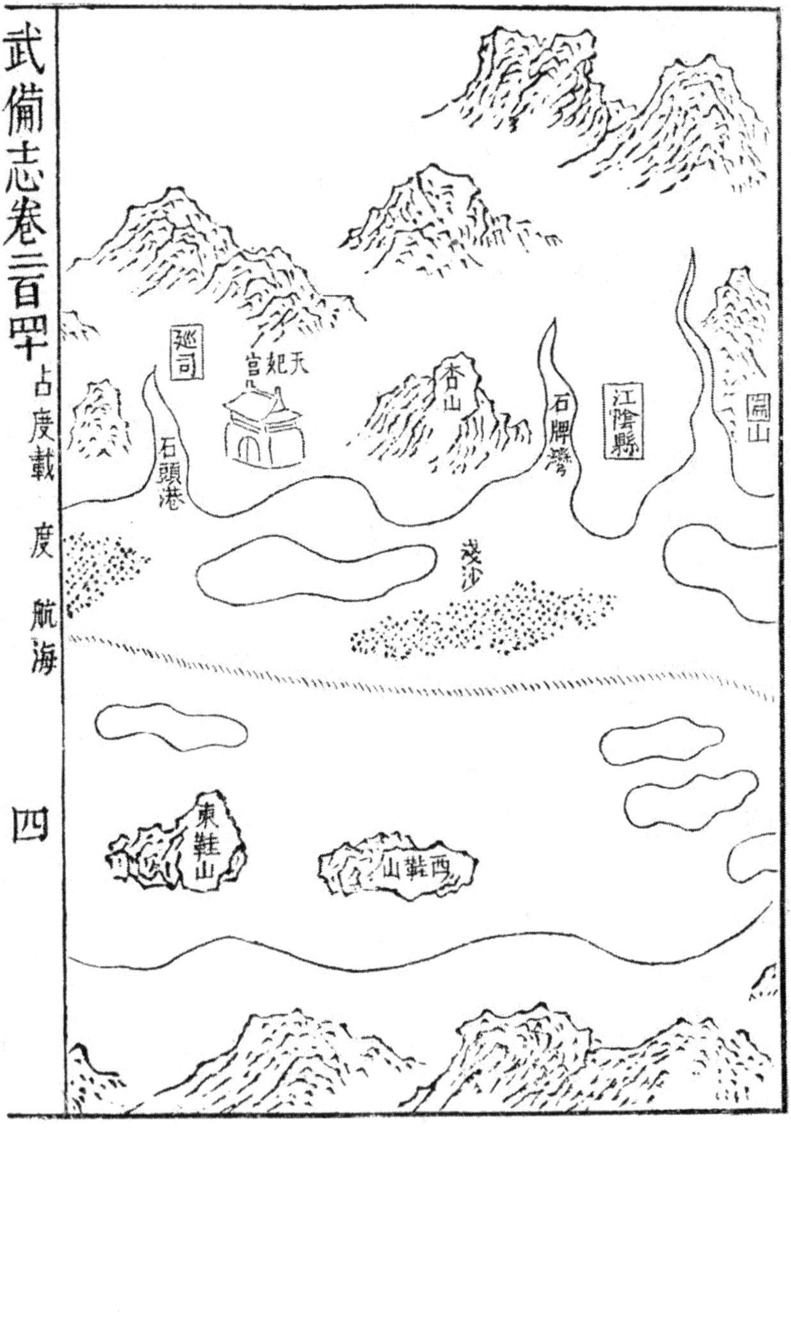
武備志卷二百四十
占度載 度 航海
四
巡司
天妃宮
石頭港
杏山
石牌灣
江陰縣
淺沙
東鞋山
西鞋山

武備志卷二百四十 占度載 度 航海 四

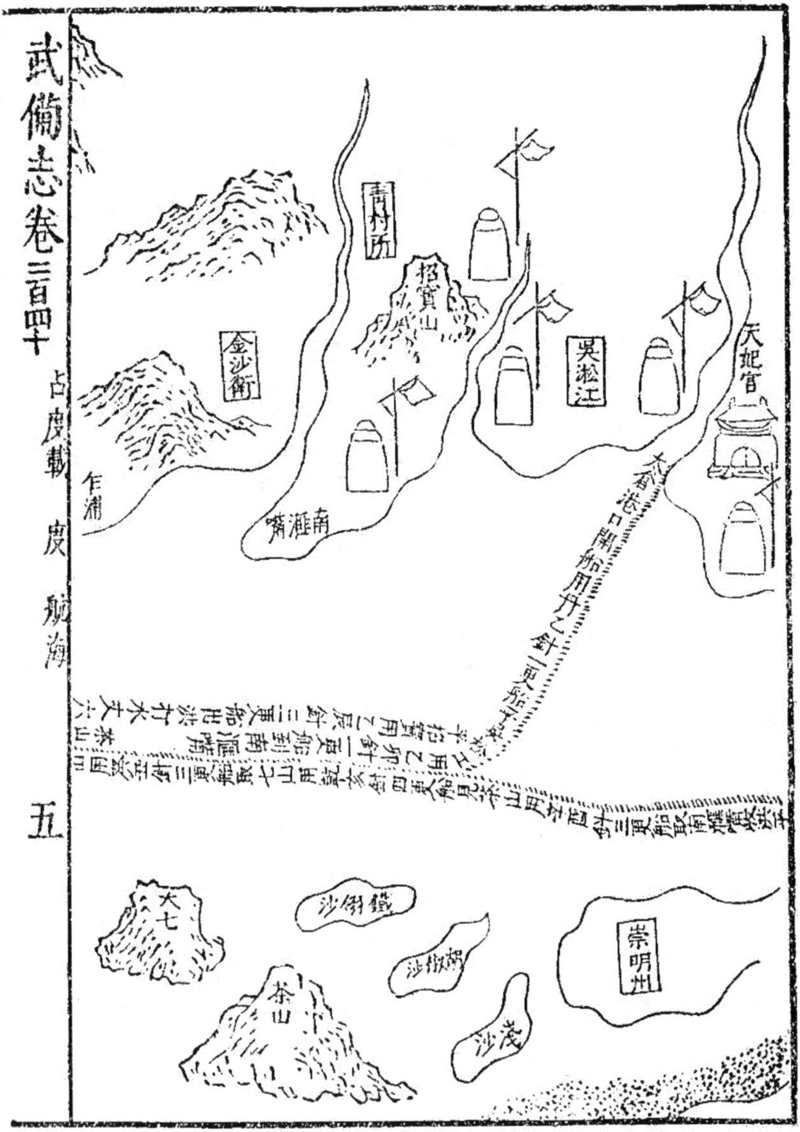
武備志卷二百四十
占度載 度 航海
五
青村所
招寶山
金沙衛
吳淞江
天妃宮
南滙嘴
乍浦
大七
茶山
崇明州

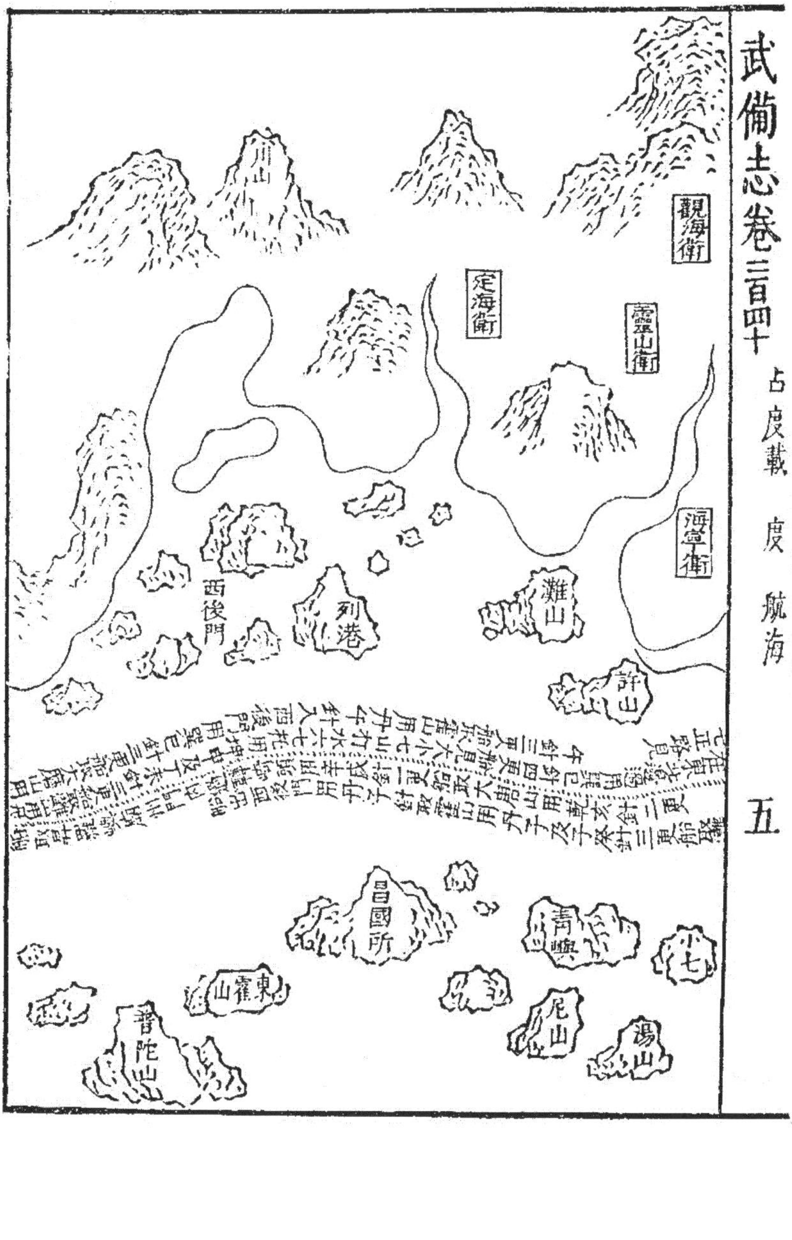
武備志卷二百四十
占度載　度　航海
五
觀海衛
定海衛
霩山衛
海寧衛
西後門
列港
灘山
許山
昌國所
青嶼
小七
東霍山
尼山
湯山
普陀山

昌國千戶所
郭巨千戶所
巡檢司
大麵山
西廚
亭度
東廚
雙嶼門
東嶼
雙嶼門
大磨山

台州衛
昌國衛
東門所
大嵩千戶所
海門衛
東門山
三母山
黃礁山
東西岳山
大陳山
魚山

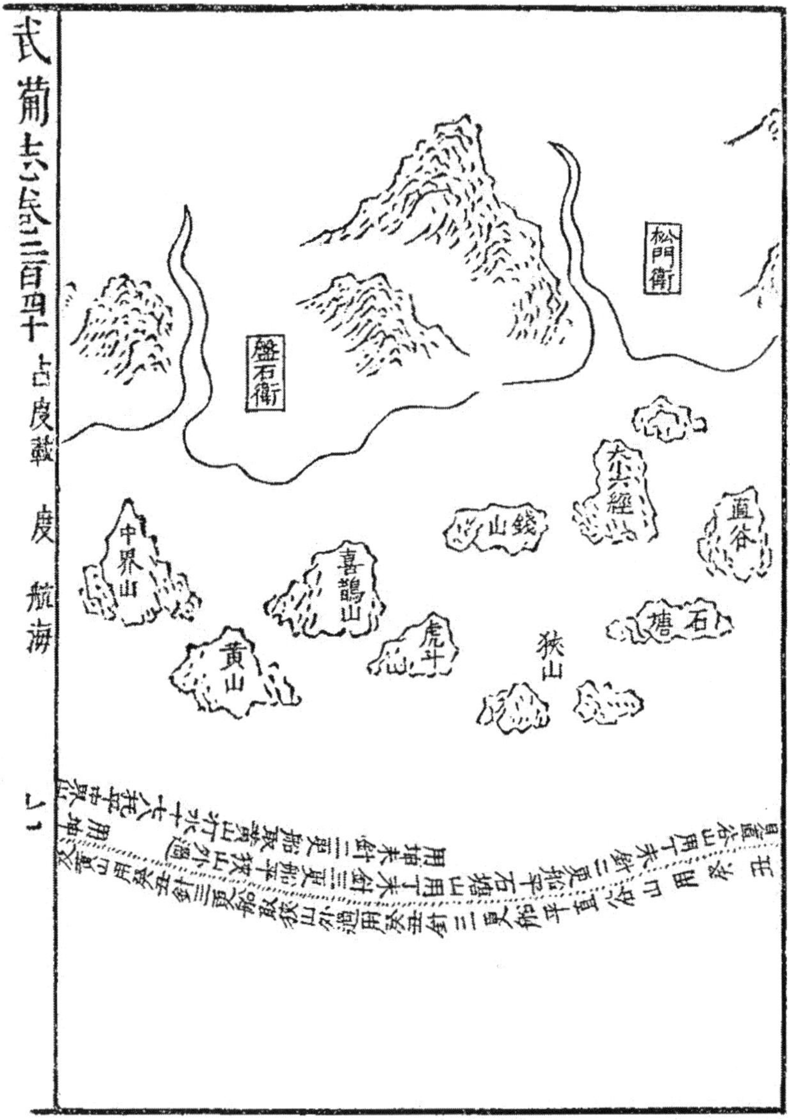
武備志卷二百四十　占度載　度　航海
松門衛
盤石衛
錢山
直谷
中界山
喜鵲山
石塘
狹山
黃山

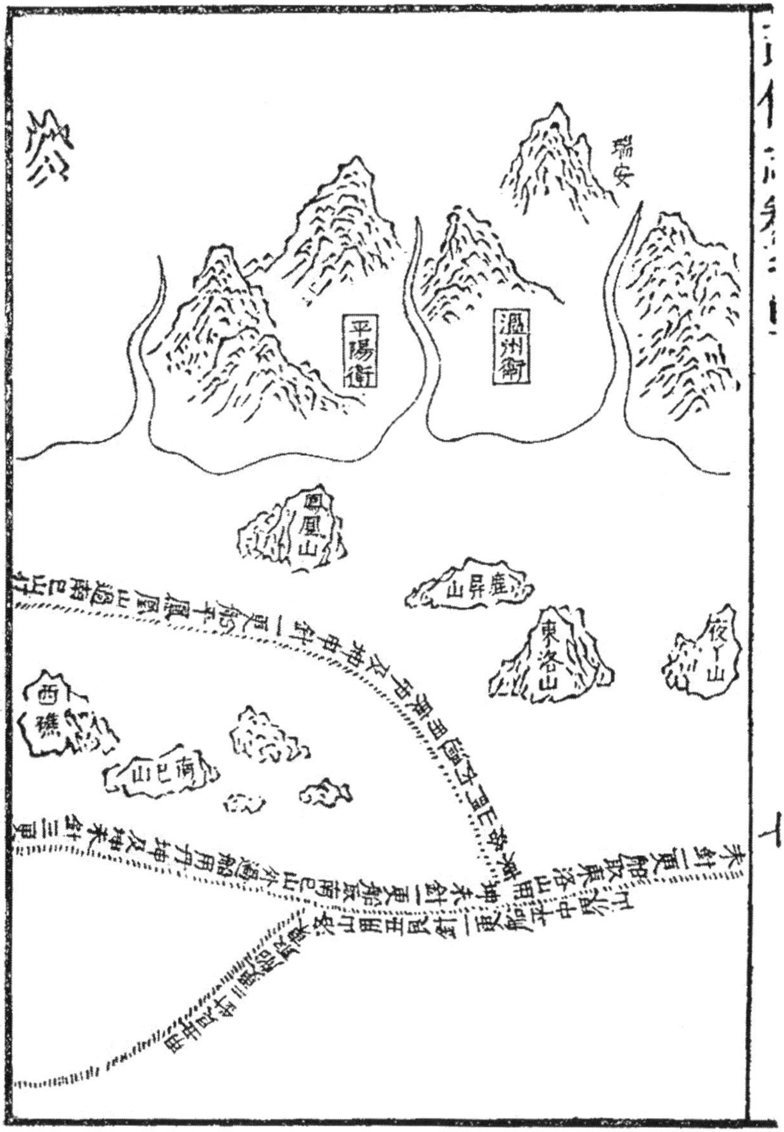
瑞安
平陽衛
溫州衛
鳳凰山
東洛山
西礁

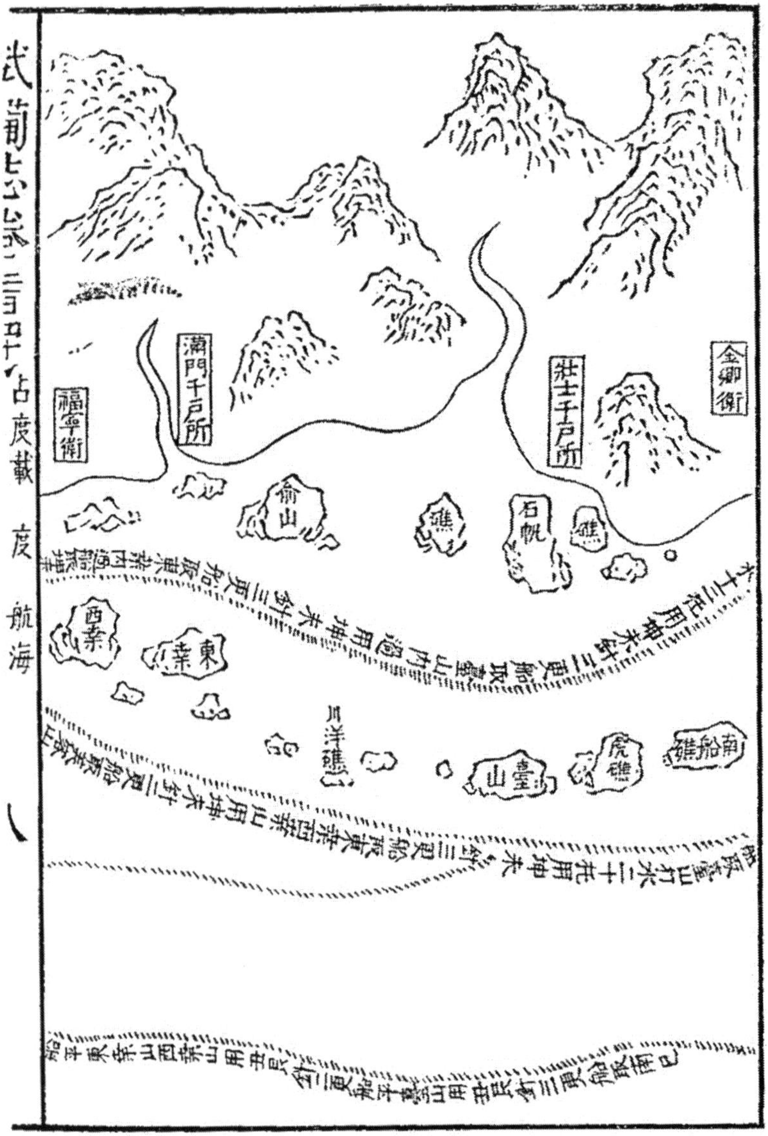
占度載 度 航海
福寧衛
滿門千戶所
壯士千戶所
金鄉衛
俞山
石帆
臺山
虎礁
南船礁

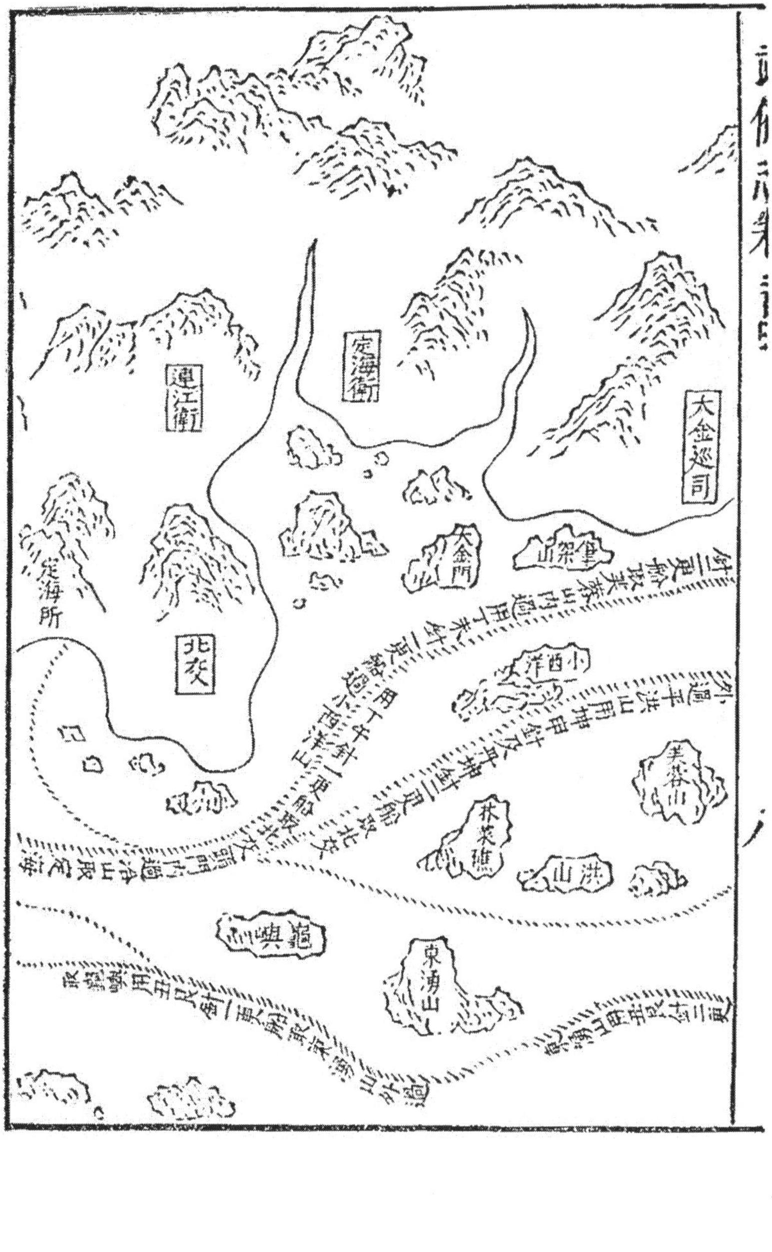
定海衛
連江衛
大金巡司
大金門
定海所
北茭
小西洋
芙蓉山
東湧山

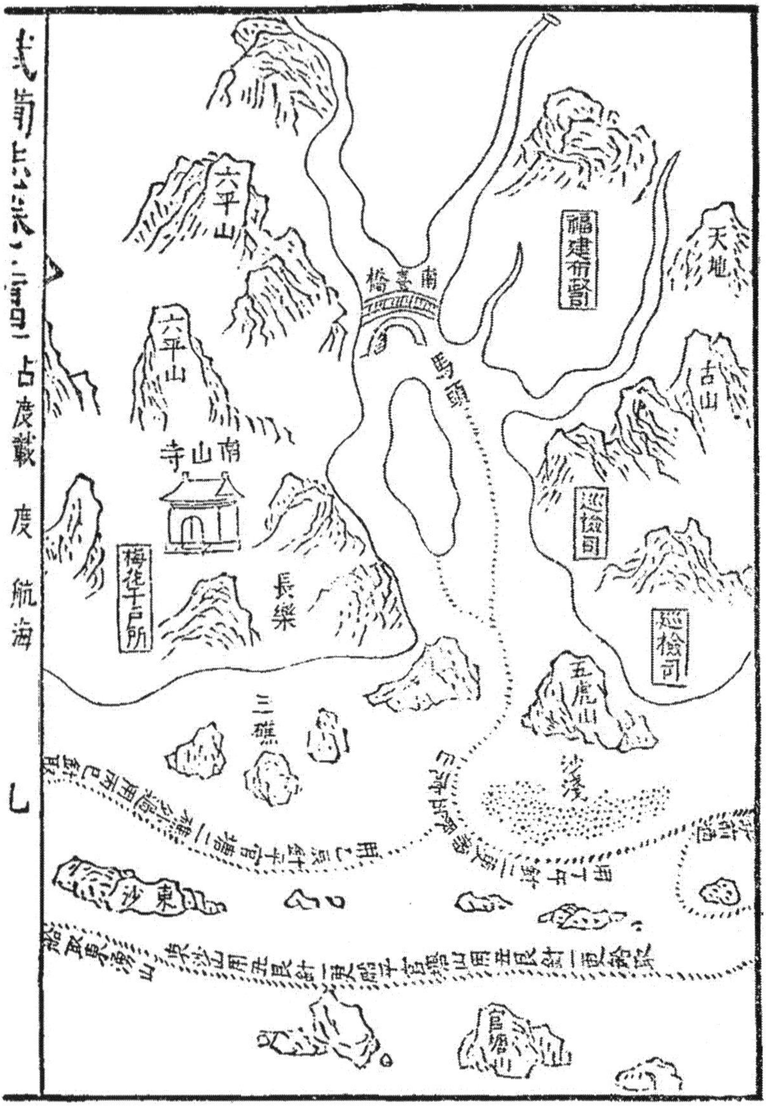
占度載 度 航海
六平山
六平山
南臺橋
馬頭
南山寺
梅花千戶所
長樂
巡檢司
巡檢司
古山
五虎山
三礁
沙淺
東沙
官塘山

興化府
平海衛
鎮東衛
牛角山
湄洲宮
南日山
東墻
烏丘山
草嶼

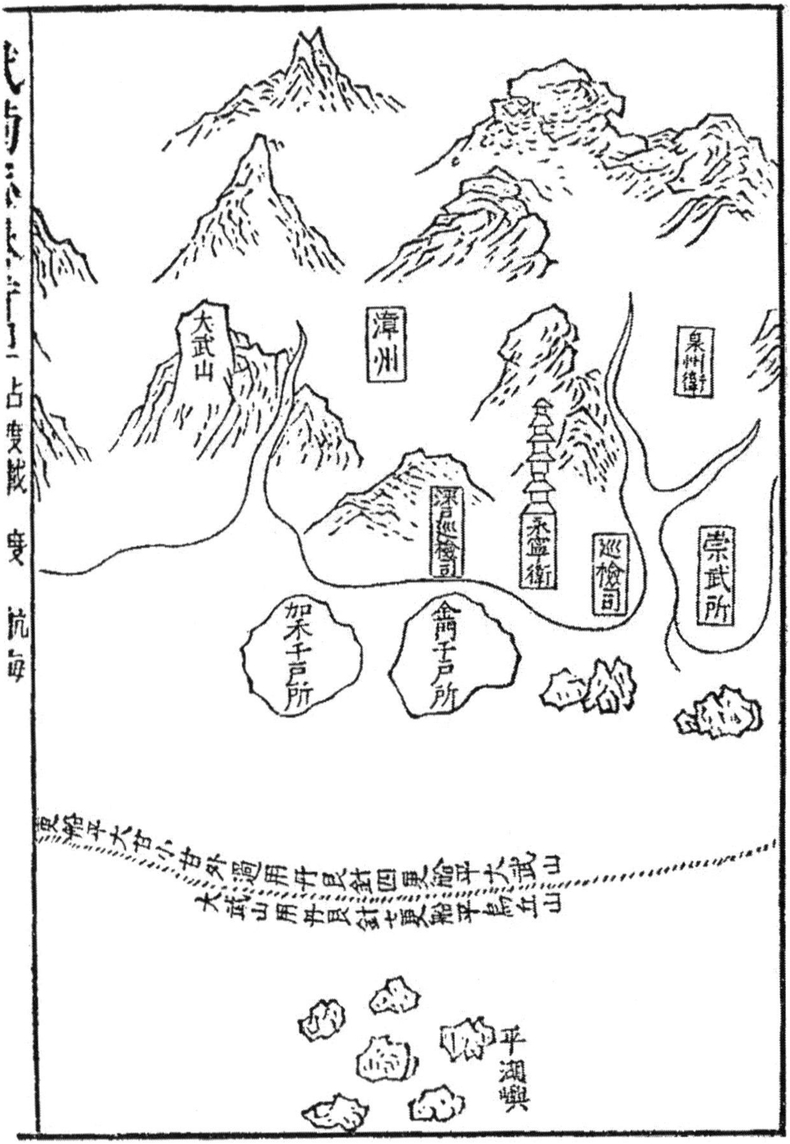
大武山
漳州
泉州衛
深沪巡檢司
永寧衛
巡檢司
崇武所
加禾千戶所
金門千戶所
平湖嶼

東莞所
官富寨
大奚山
小奚山
冷汀山
佛堂門
翁鞋山
大星尖
外平
大甘
小甘

南海衛
廣東
九星
香山所
南停山
神電衛
廣海衛
高州
雷州
廉州
瓊州府
萬州
銅鼓山
大金
小金
鹿頸高闌
北尖
上下川山
七洲
獨豬山
烏豬門
石星石塘
石塘
萬生石塘嶼

交趾界
欽州
福州
鮫師石
外羅山
交趾洋
十一

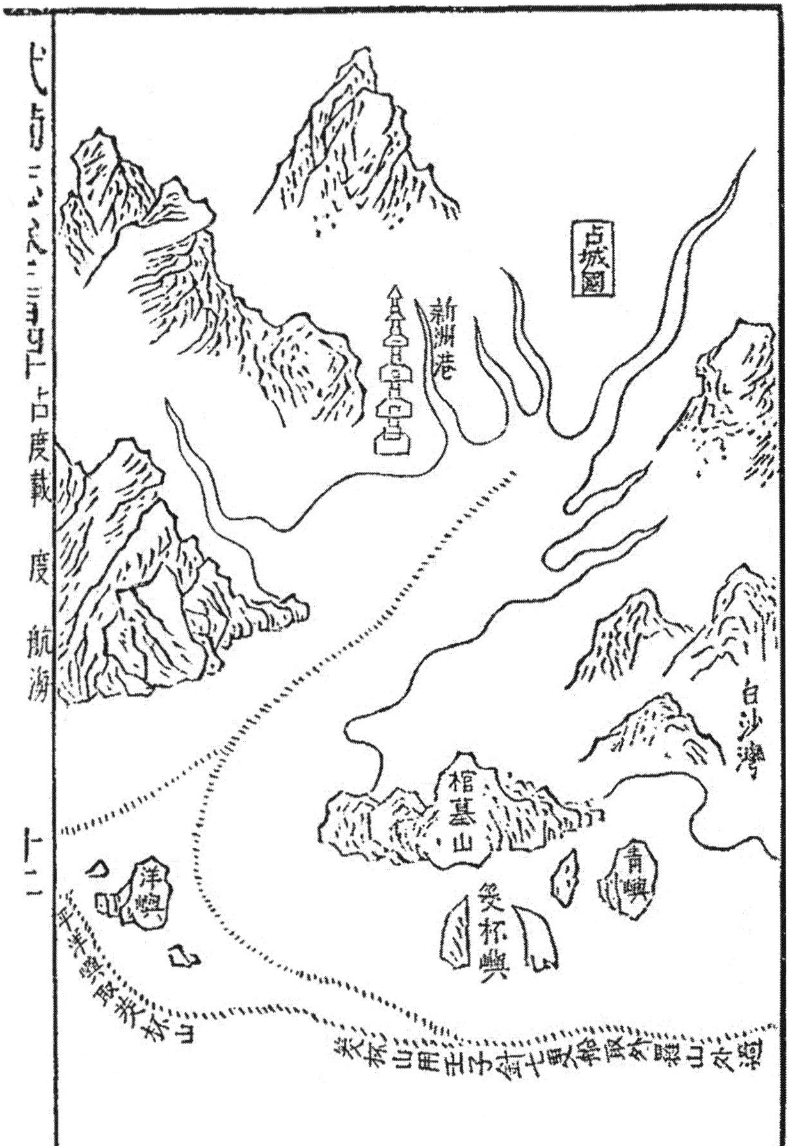
占度載
度
航海
十二
占城國
新洲港
白沙灣
棺基山
青嶼
羗杯嶼
洋嶼
平洋嶼取羗杯山
外羅山外過用丁未針七更船取羗杯山

赤次
羅漢嶼
大湾
靈山
雞籠山
小湾
東董
西董

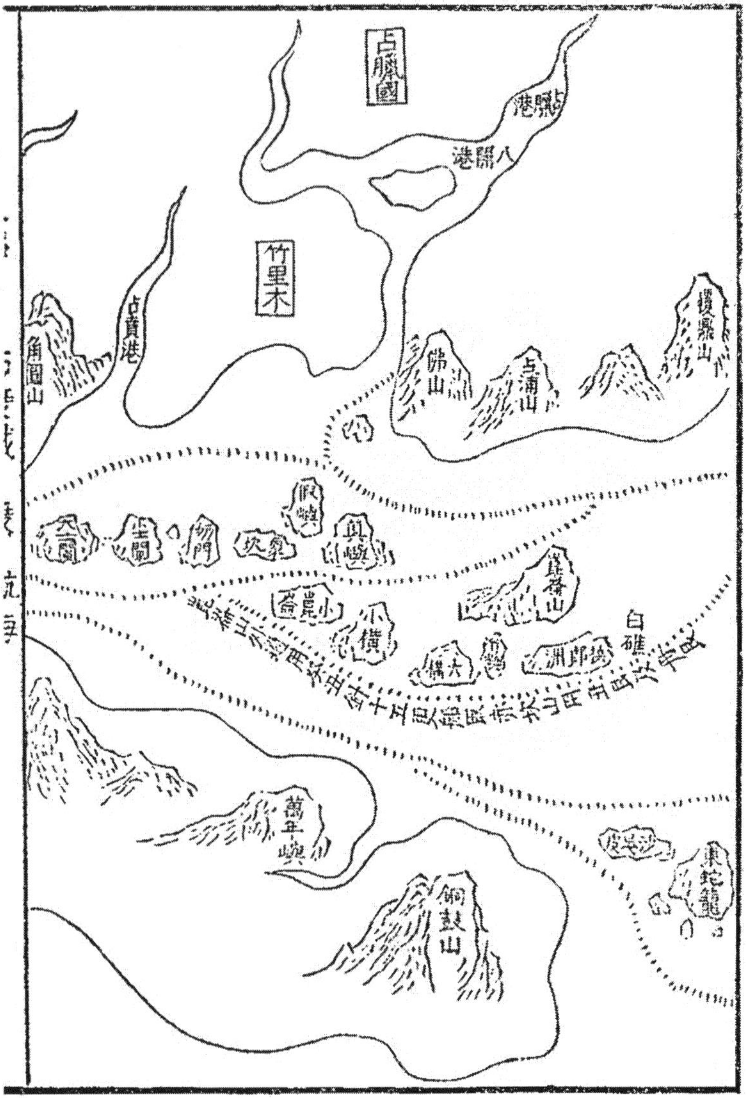
占臘國
竹里木
佛山
占蒲山
崑崙山
小崑崙
小橫
大橫
白礁
萬年嶼
銅鼓山
東蛇龍

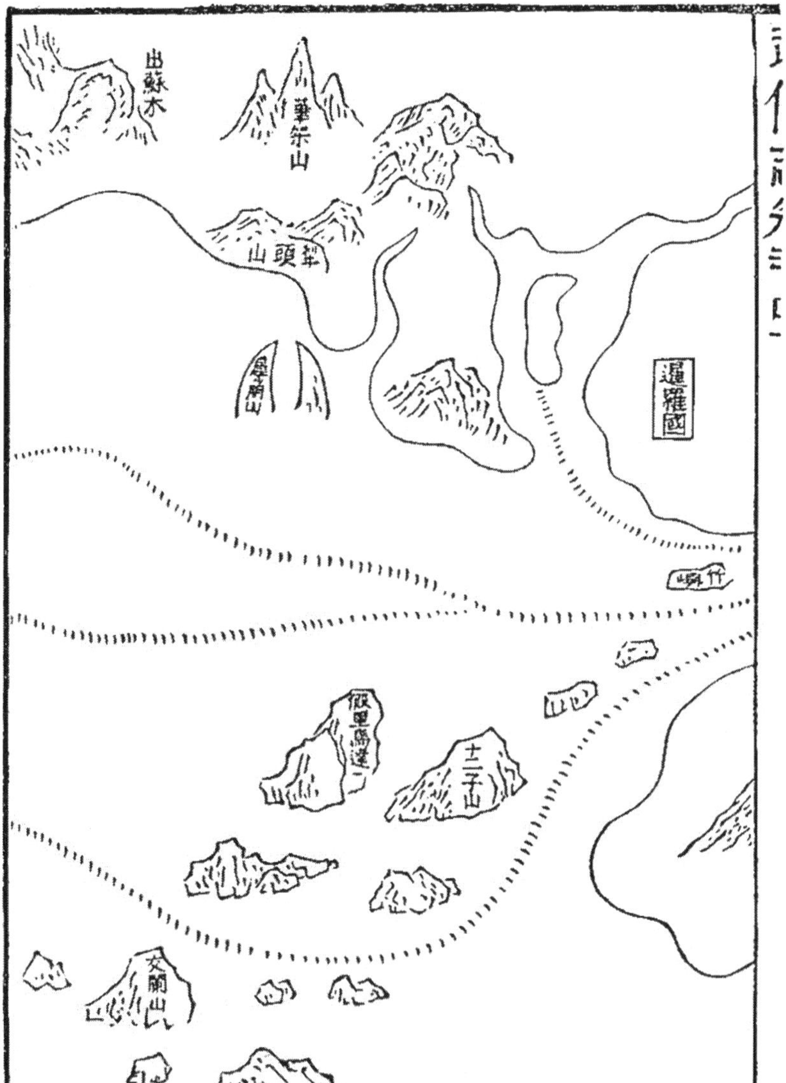
出蘇木
筆架山
犁頭山
暹羅國
竹嶼
假里馬達
十二子山
山
交闌山

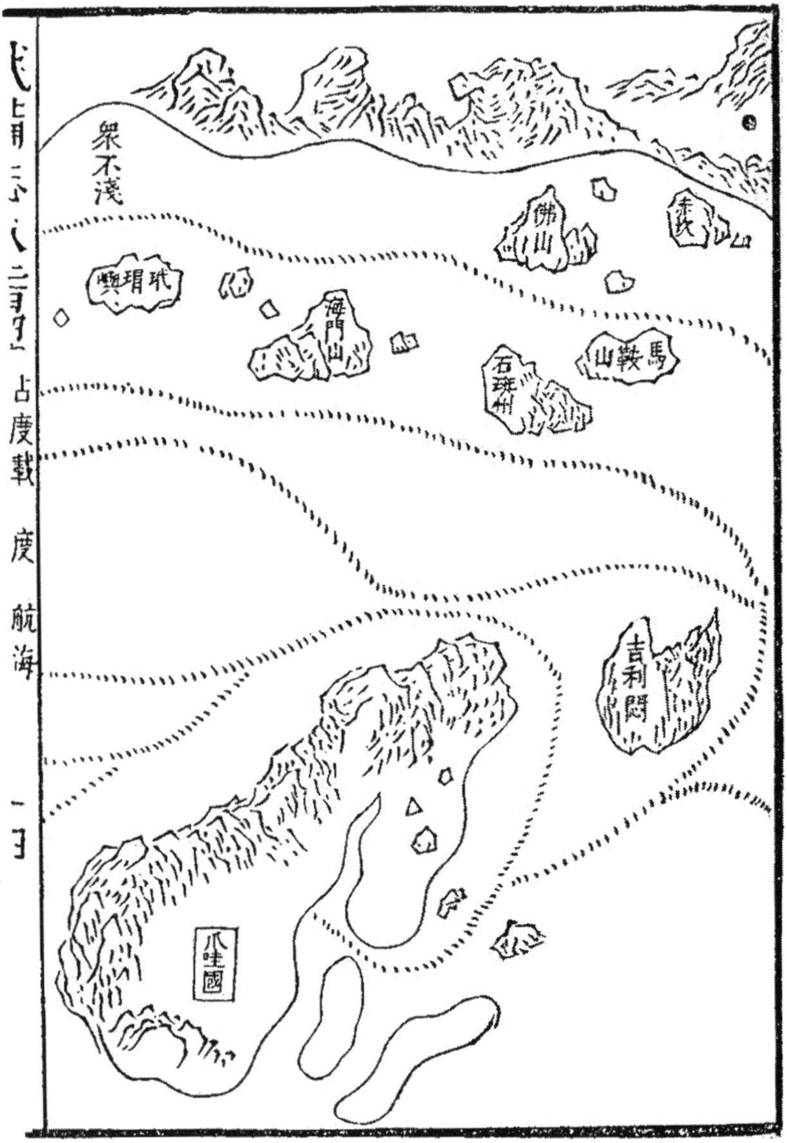
占度載
度
航海
泉不淺
玳瑁嶼
佛山
海門山
州
馬鞍山
吉利悶
爪哇國

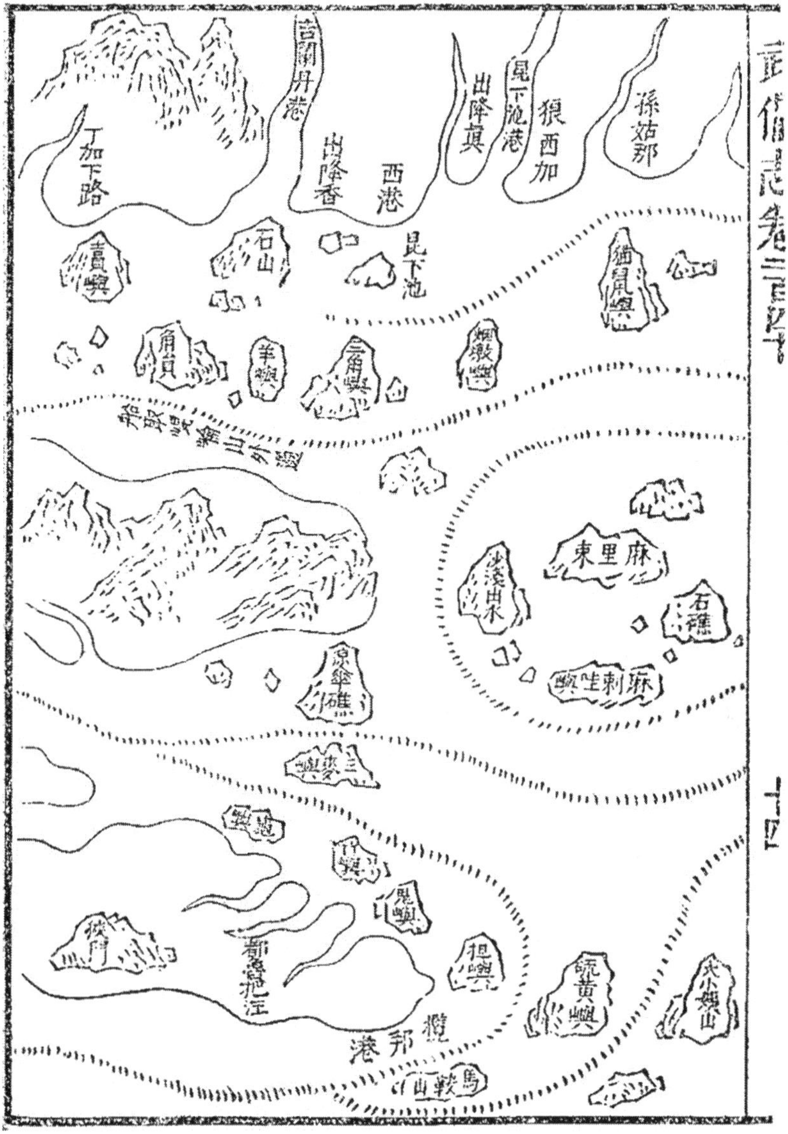
吉蘭丹港
出降真
崑下池港
狼西加
孫姑那
丁加下路
出降香
西港
石山
崑下池
角貝
羊嶼
三角嶼
東里麻
石礁
涼傘礁
鬼嶼
硫黃嶼
馬鞍山
十四

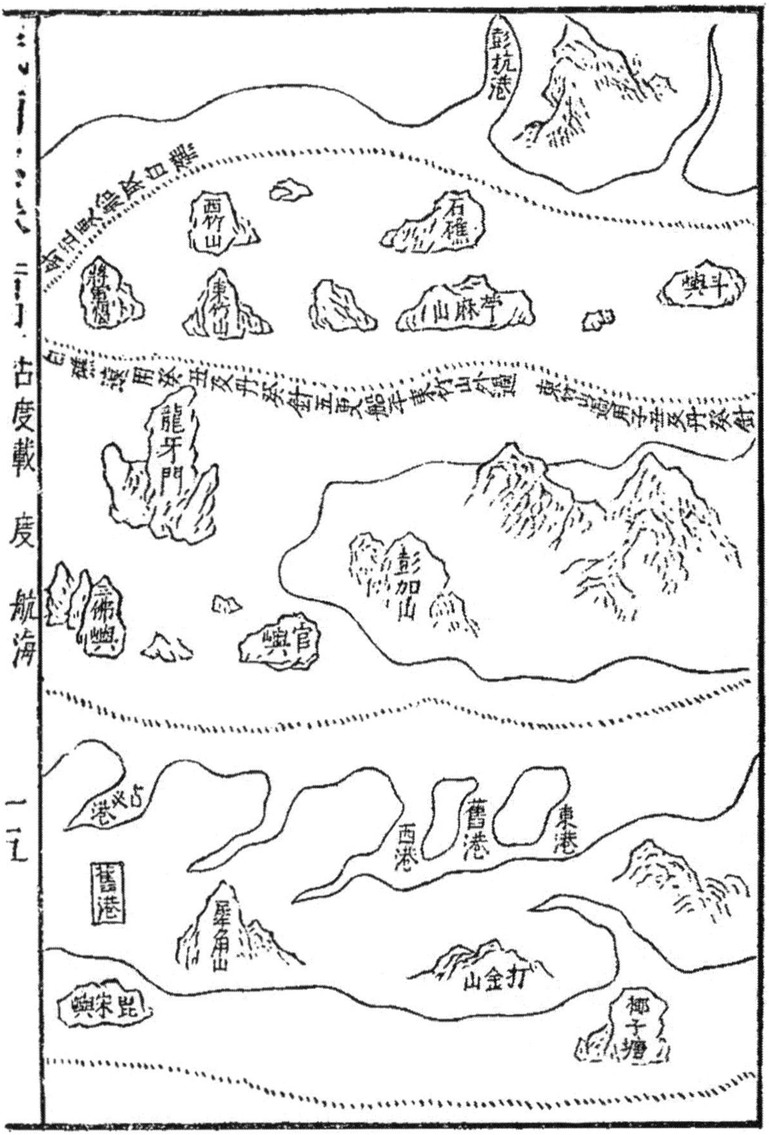
彭杭港
西竹山
石礁
將軍帽
東竹山
苧麻山
斗嶼
龍牙門
彭加山
佛嶼
官嶼
舊港
西港
舊港
東港
犀角山
打金山
毘宋嶼
椰子塘

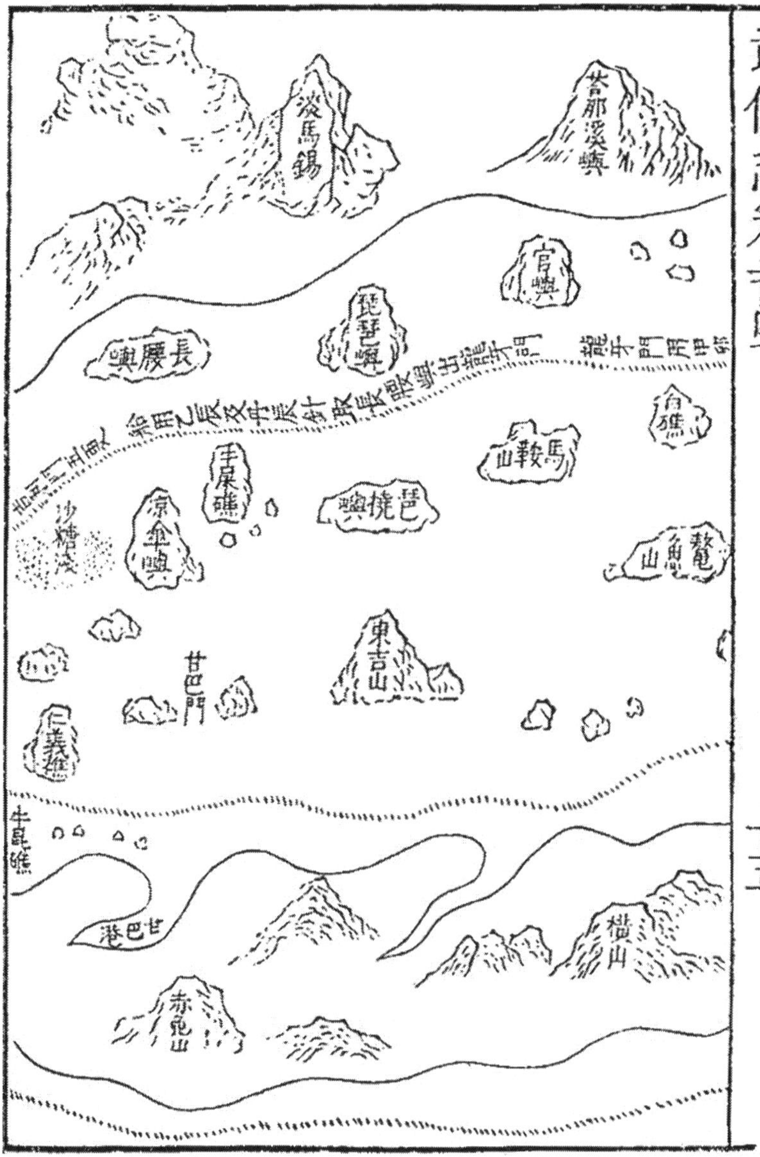
武備志卷二百四十
十三
淡馬錫
官嶼
琵琶嶼
長腰嶼
白礁
馬鞍山
羊屎礁
琶挠嶼
涼傘嶼
沙糖淺
東吉山
甘巴門
仁義礁
牛屎礁
甘巴港
横山
赤坎山

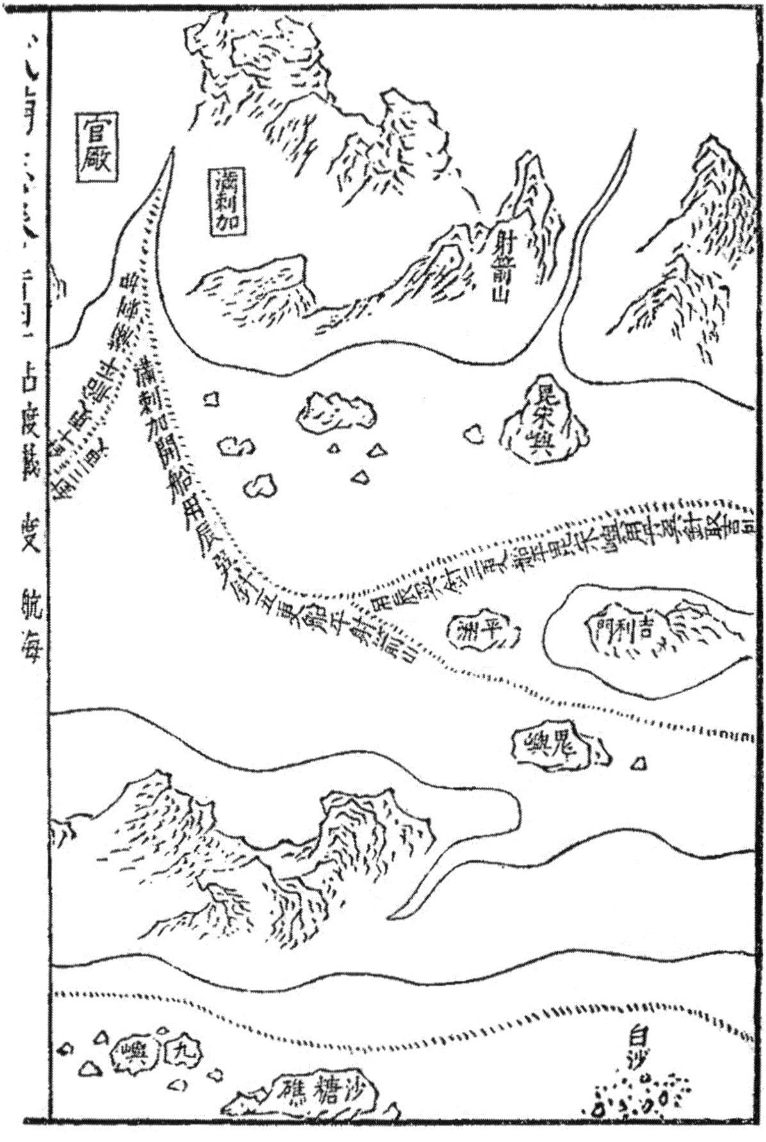
官廠
滿剌加
射箭山
崑宋嶼
平洲
吉利門
鬼嶼
九嶼
沙糖礁
白沙

武備志卷二百四十
十六
古那大山
古今港
綿花嶼
假五嶼
綿花淺
龍牙加兒山
龍牙加兒港
南傅山
沉礁
金嶼
雙嶼

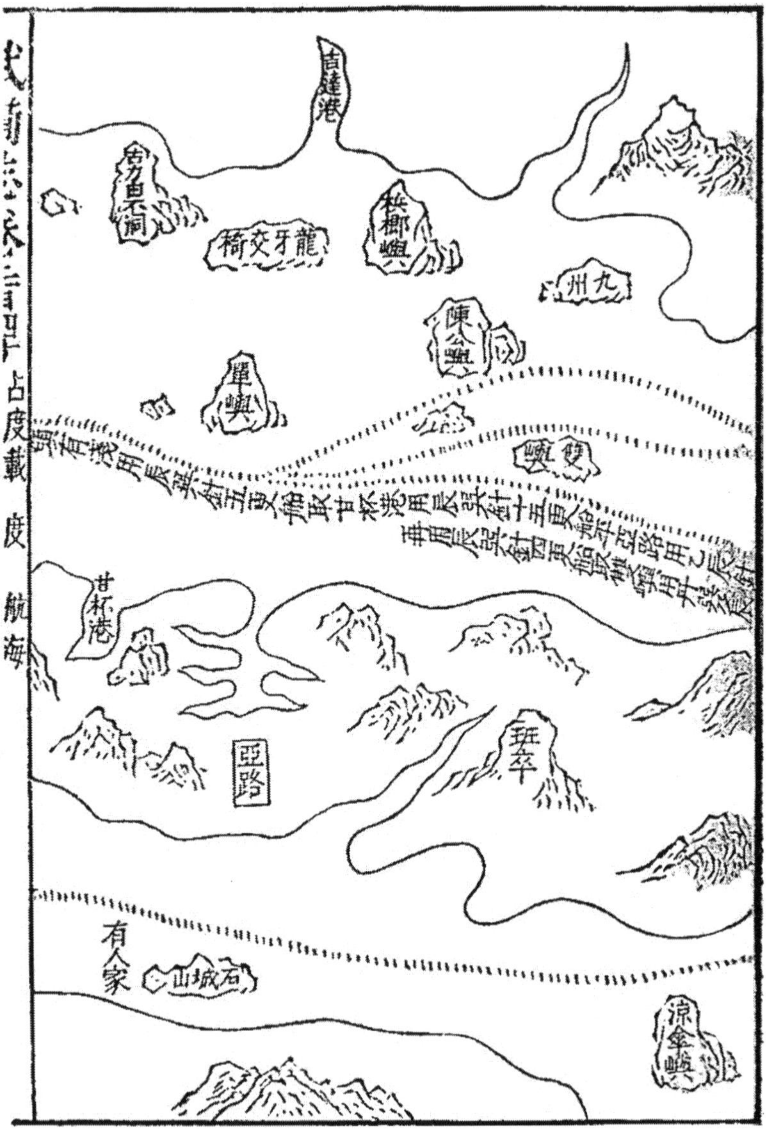
占度載　度　航海
吉達港
龍牙交椅
檳榔嶼
九州
陳公嶼
單嶼
雙嶼
甘杯港
亞路
班卒
有人家
石城山
涼傘嶼

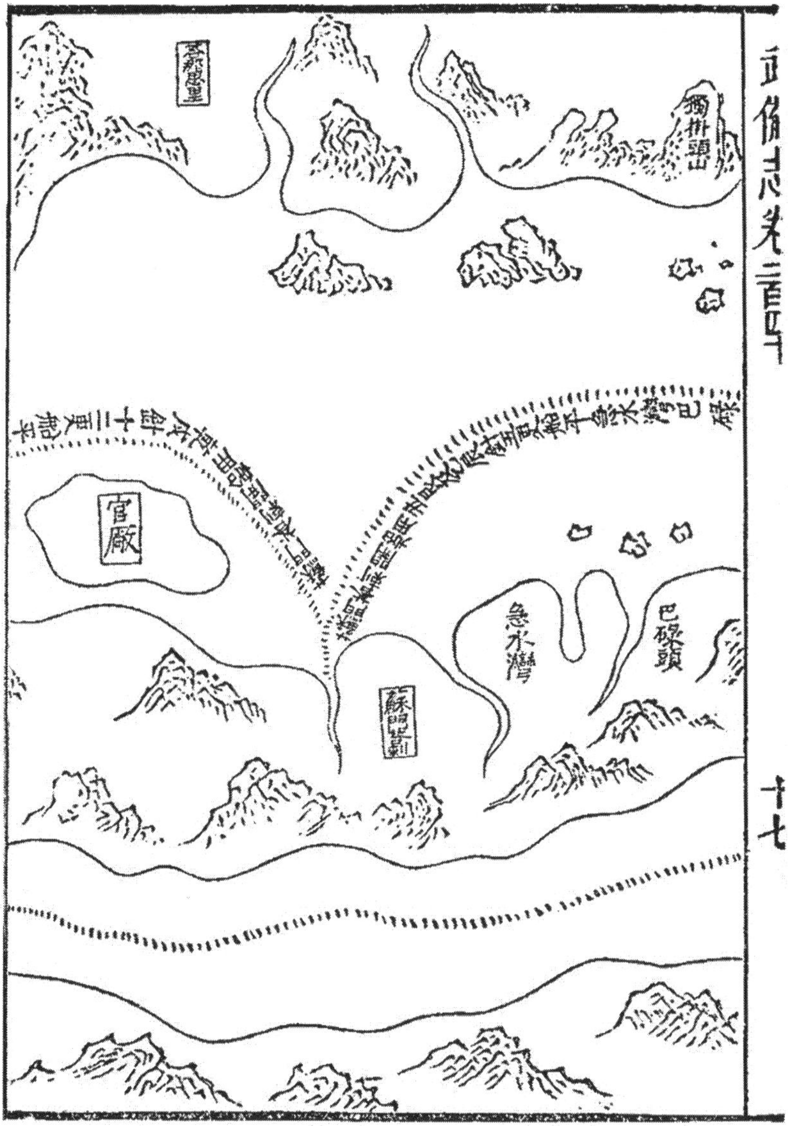
武備志卷二百四十
十七
獨掛頭山
官廠
蘇門答剌
急水灣
巴碌頭

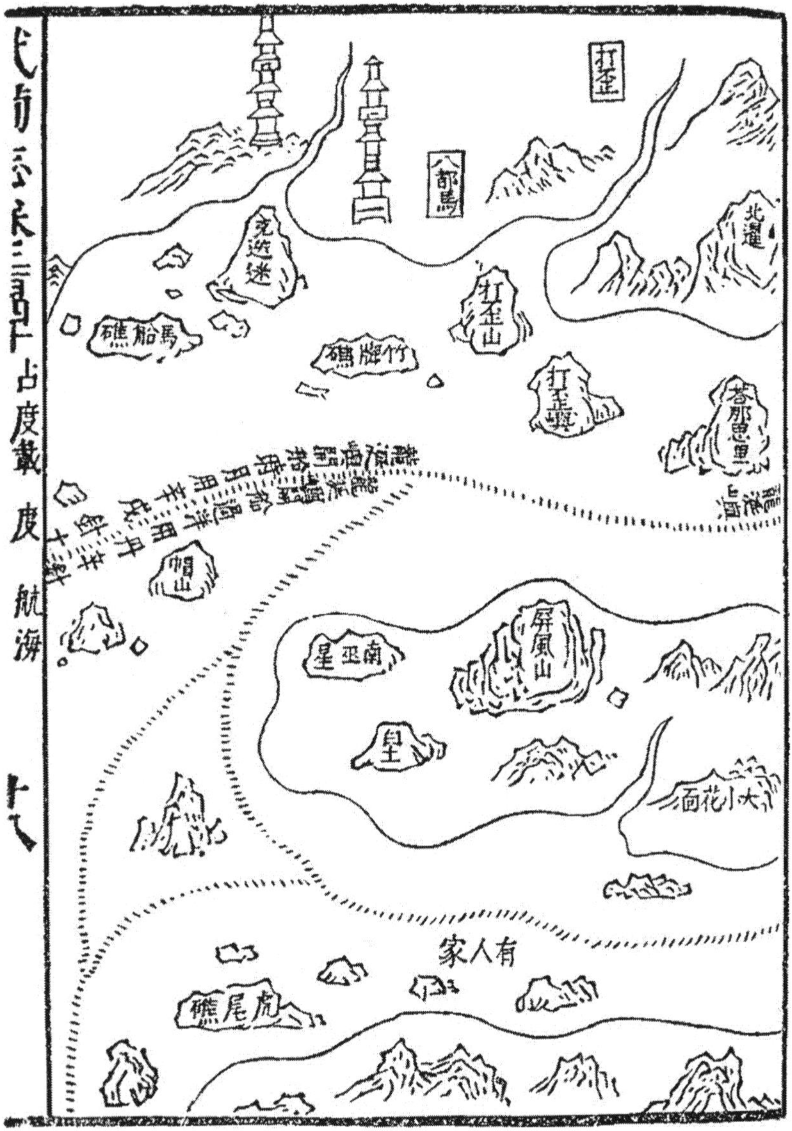
打歪
八都馬
北邏
打歪山
馬船礁
竹嶼礁
屏風山
大小花面
有人家
虎尾礁
航海

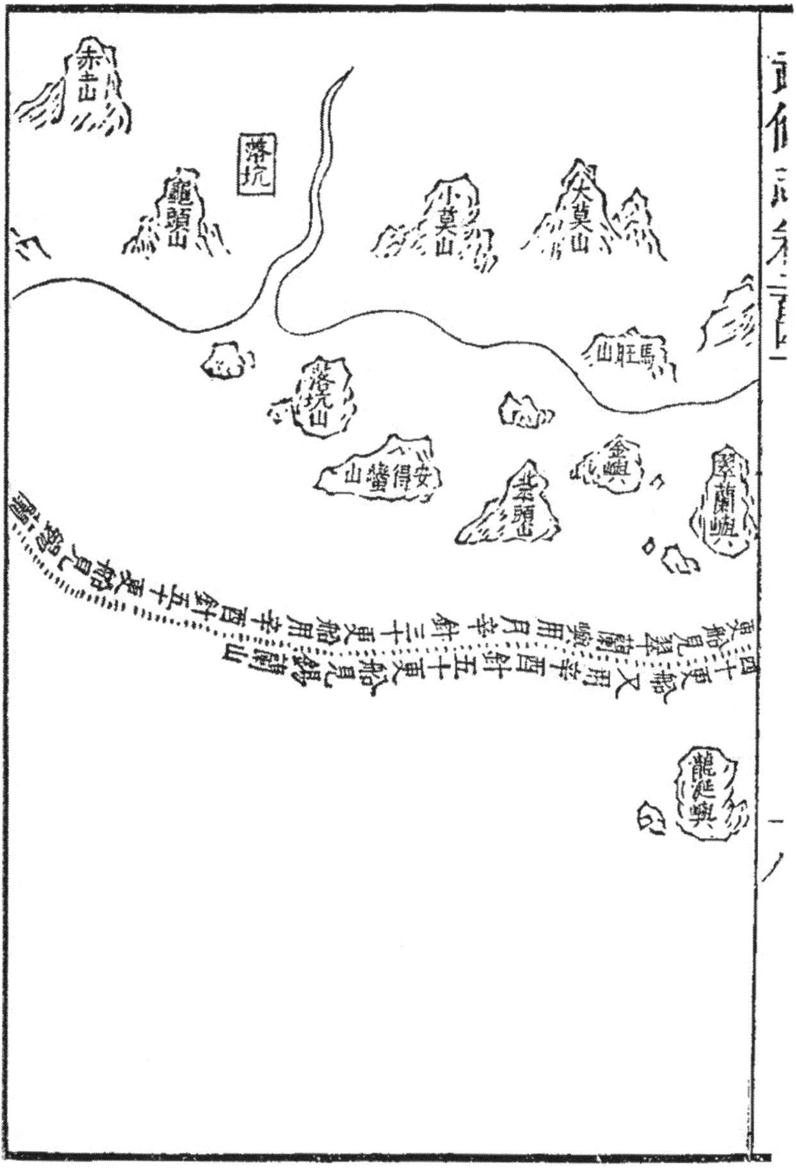
落坑
龜頭山
小莫山
大莫山
落坑山
安得蠻山
金嶼
龍延嶼

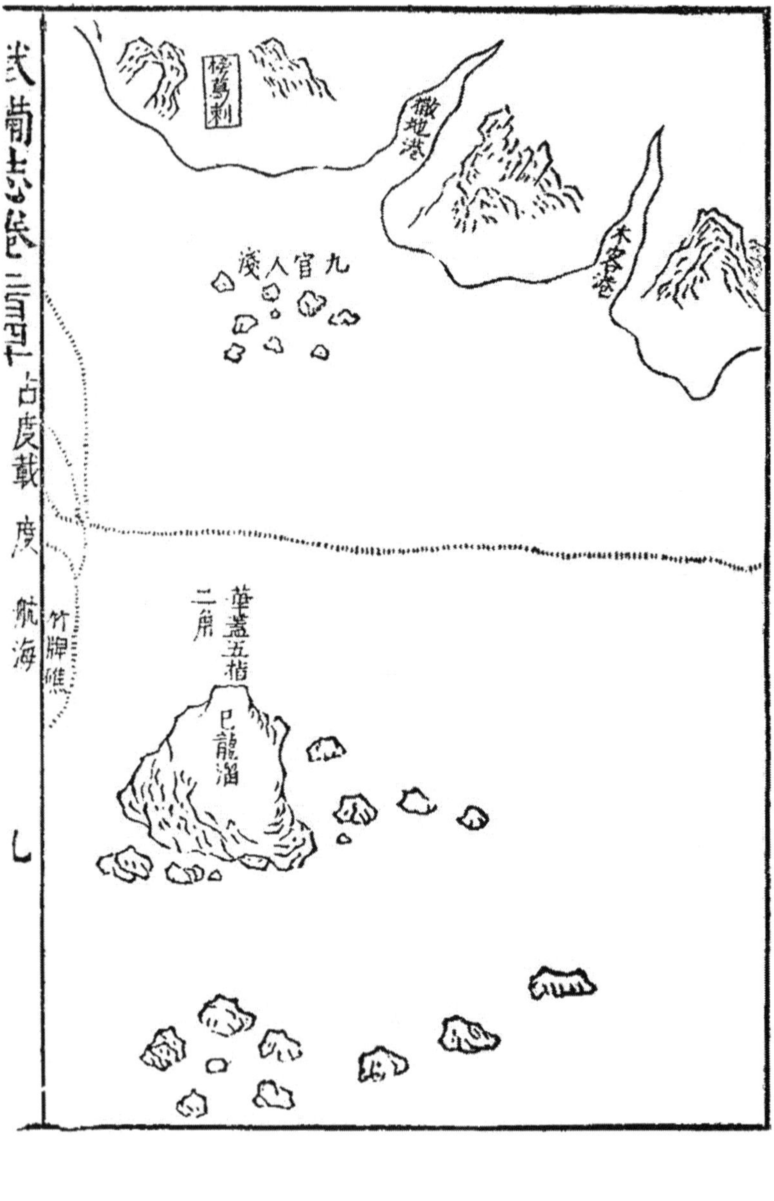
武備志卷二百四十
撒地港
木客港
九官人淺
華蓋五指
竹牌礁
巴龍溜

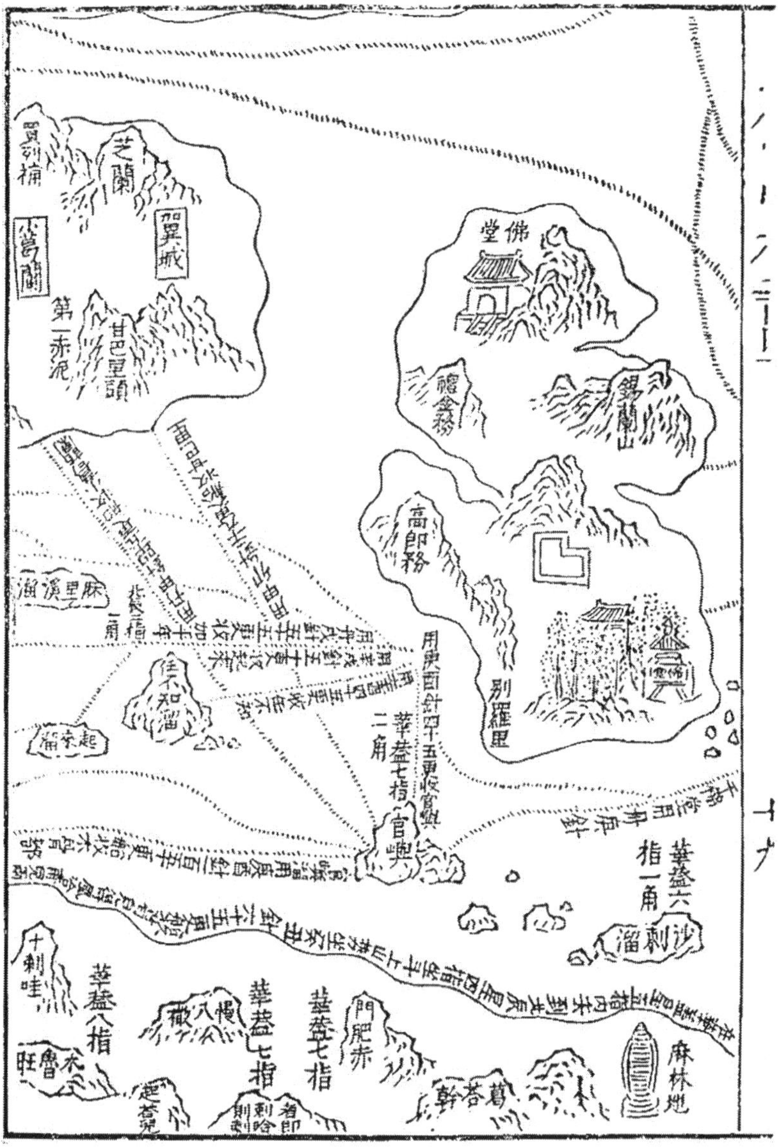
芝蘭
小葛蘭
第一赤泥
甘巴里頭
佛堂
錫蘭山
高郎務
別羅里
麻里溪溜
起來溜
官嶼
華蓋七指
二角
華蓋六指
一角
沙刺溜
十剌哇
華蓋八指
木魯旺
門肥赤
華蓋七指
麻林地

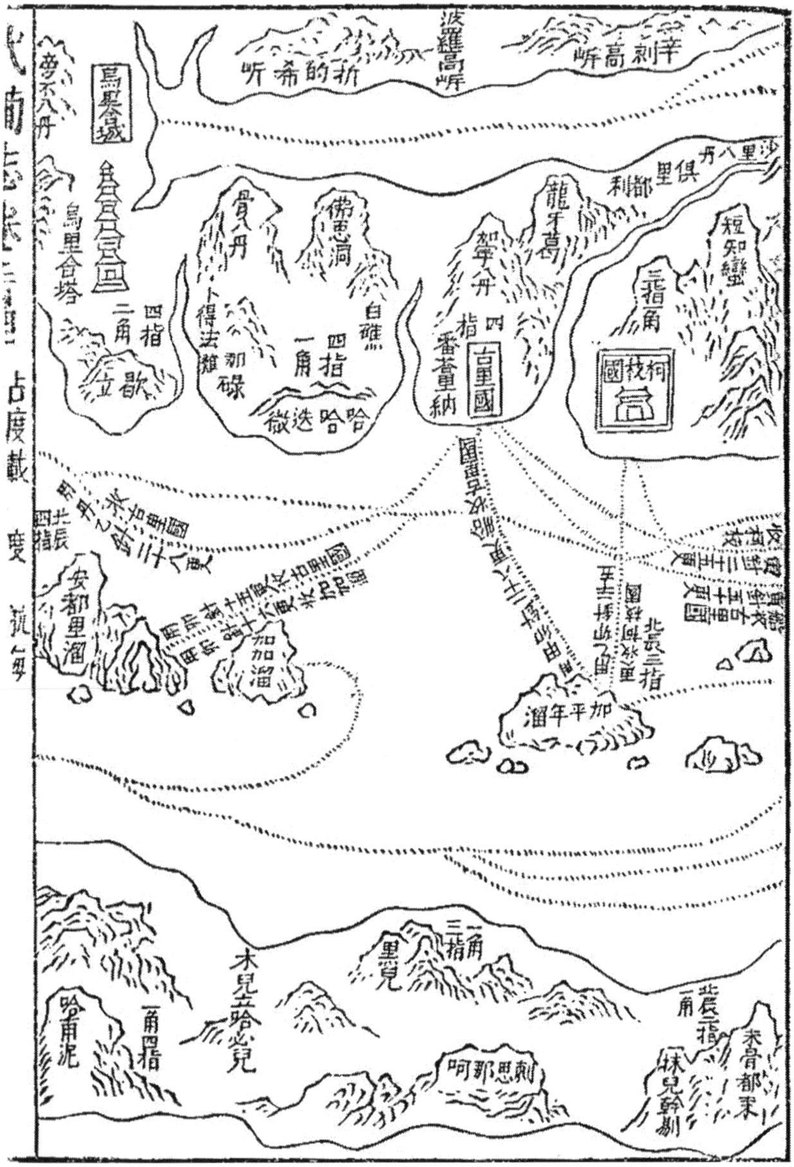
古里國
柯枝國
加平年溜
安都里溜
加加溜
木骨都束

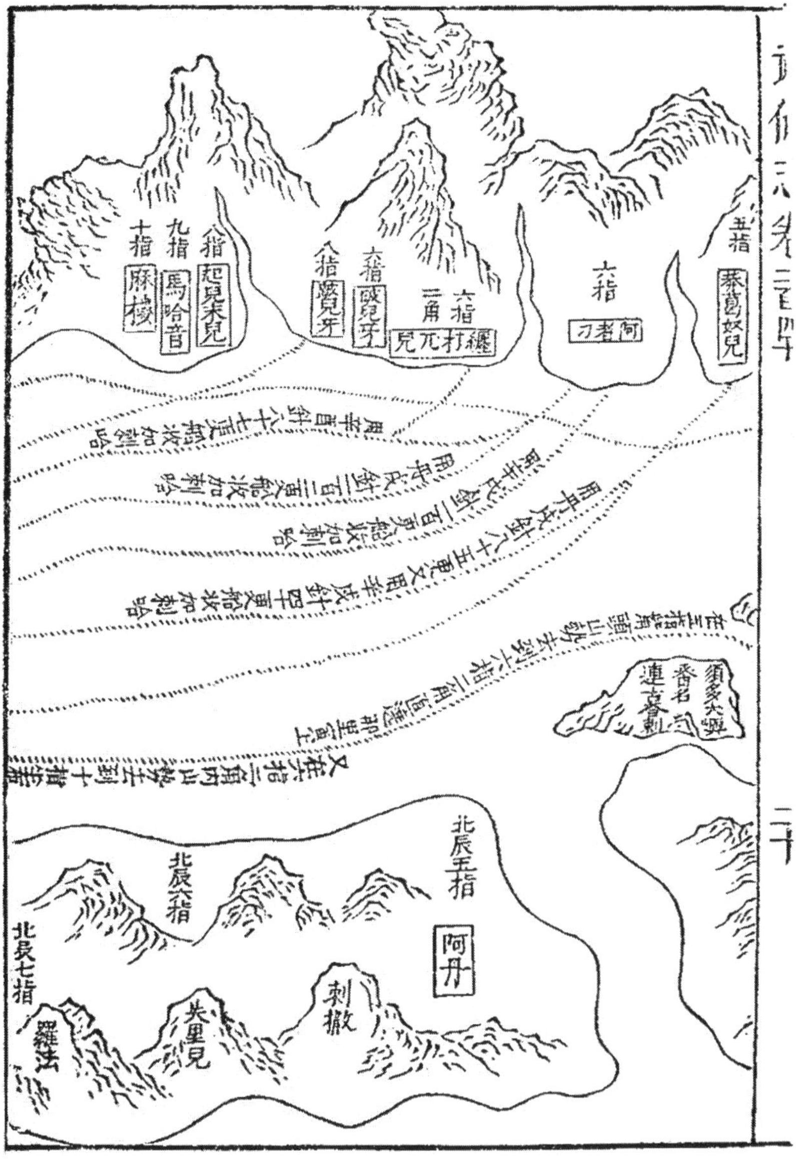
九指
十指
馬哈音
起兒末兒
六指
五指
阿者刁
纏打兀兒
北辰五指
北辰六指
北辰七指
阿丹
剌撒

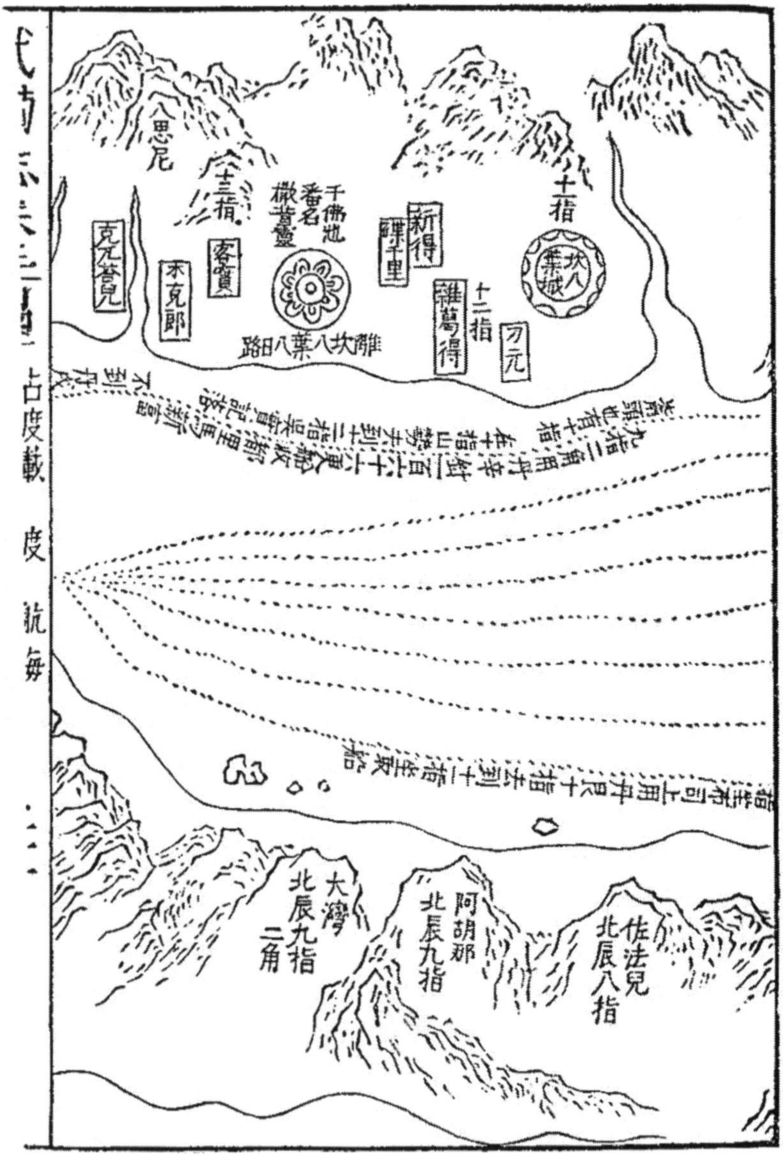
十三指
木克郎
新得
十指
十二指
大灣
北辰九指
二角
阿胡那
北辰九指
佐法兒
北辰八指

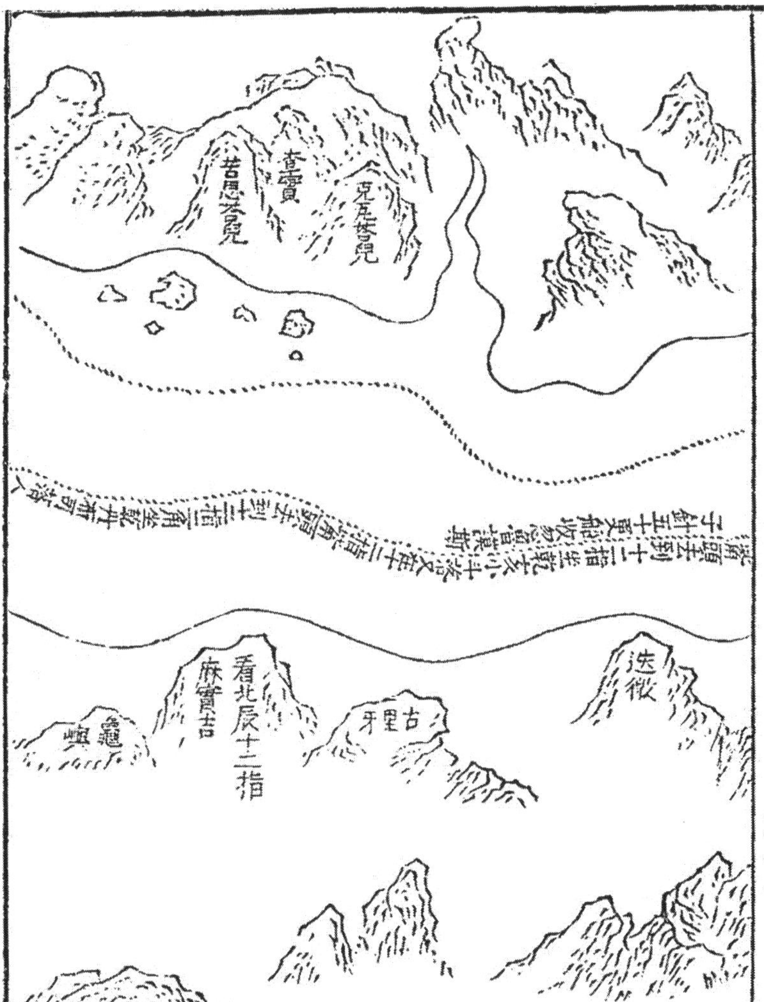

二十一

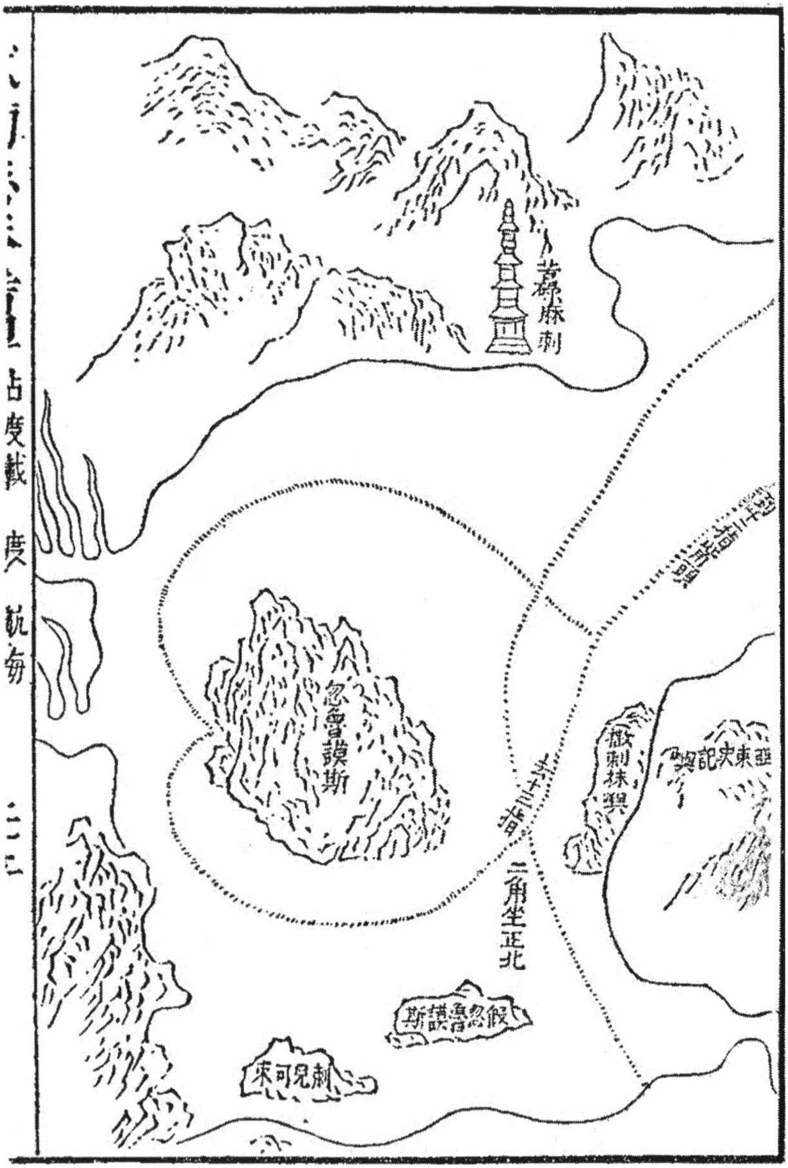
忽魯謨斯
假忽魯謨斯
剌兒可來
撒剌抹嶼
二角坐正北

武備志卷二百四十

指過洋看北辰星十一指燈籠骨星四指半看東邊織女星七指為母看西南布司星九指看西北布司星十一指丁得把昔開到忽魯謨斯看北辰星十四指

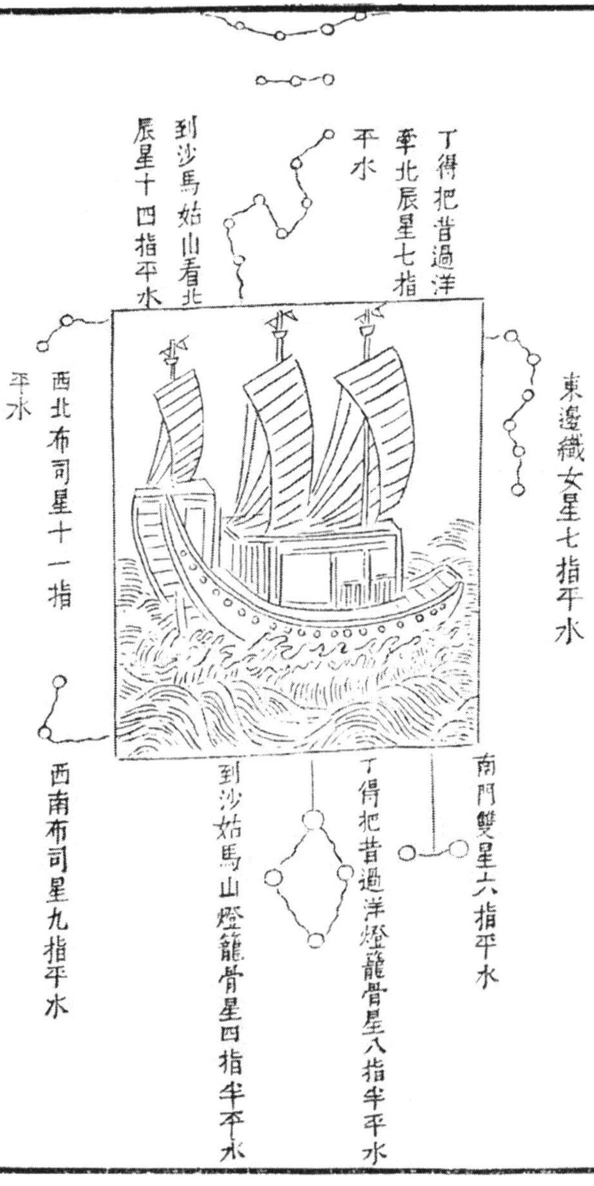

二十二

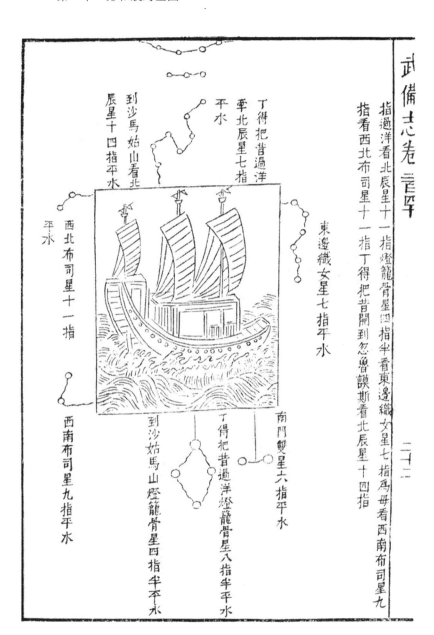

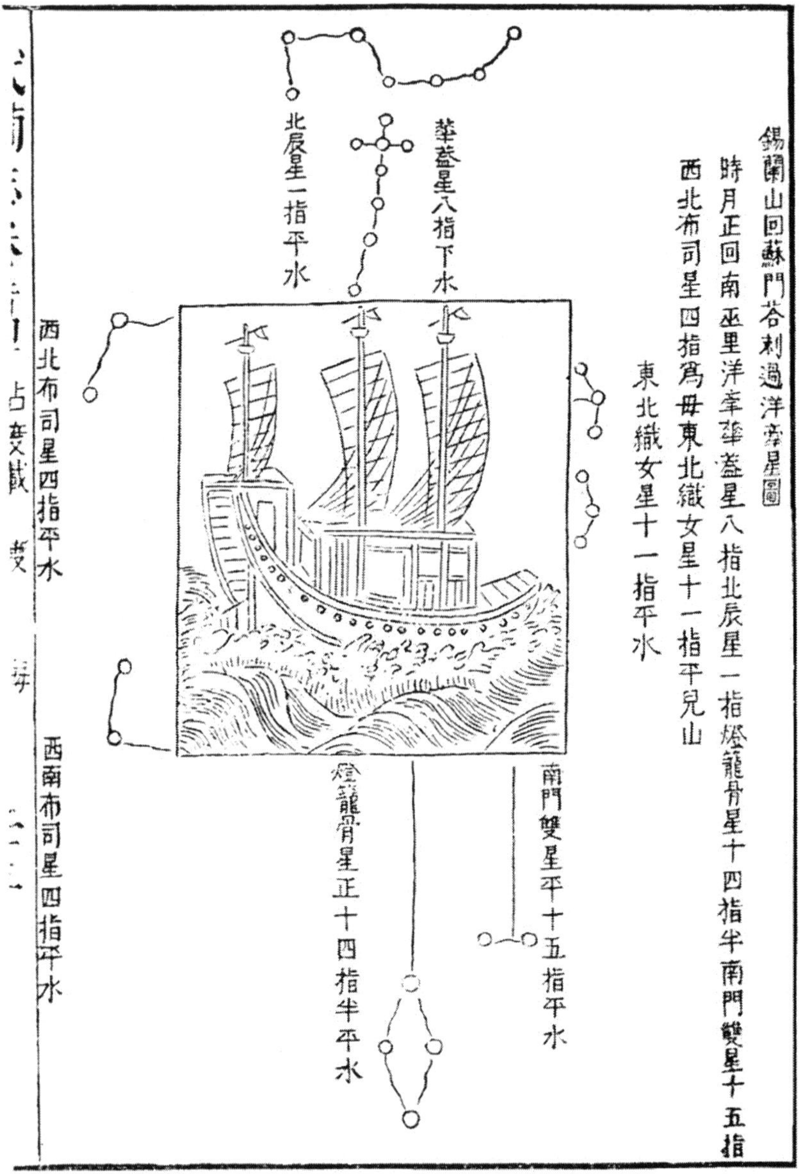
錫蘭山回蘇門荅剌過洋牽星圖
時月正回南巫里洋牽華蓋星八指北辰星一指燈籠骨星十四指半南門雙星十五指
西北布司星四指爲母東北織女星十一指平兒山
東北織女星十一指平水
華蓋星八指下水
北辰星一指平水
西北布司星四指平水
西南布司星四指平水
燈籠骨星正十四指半平水
南門雙星平十五指平水

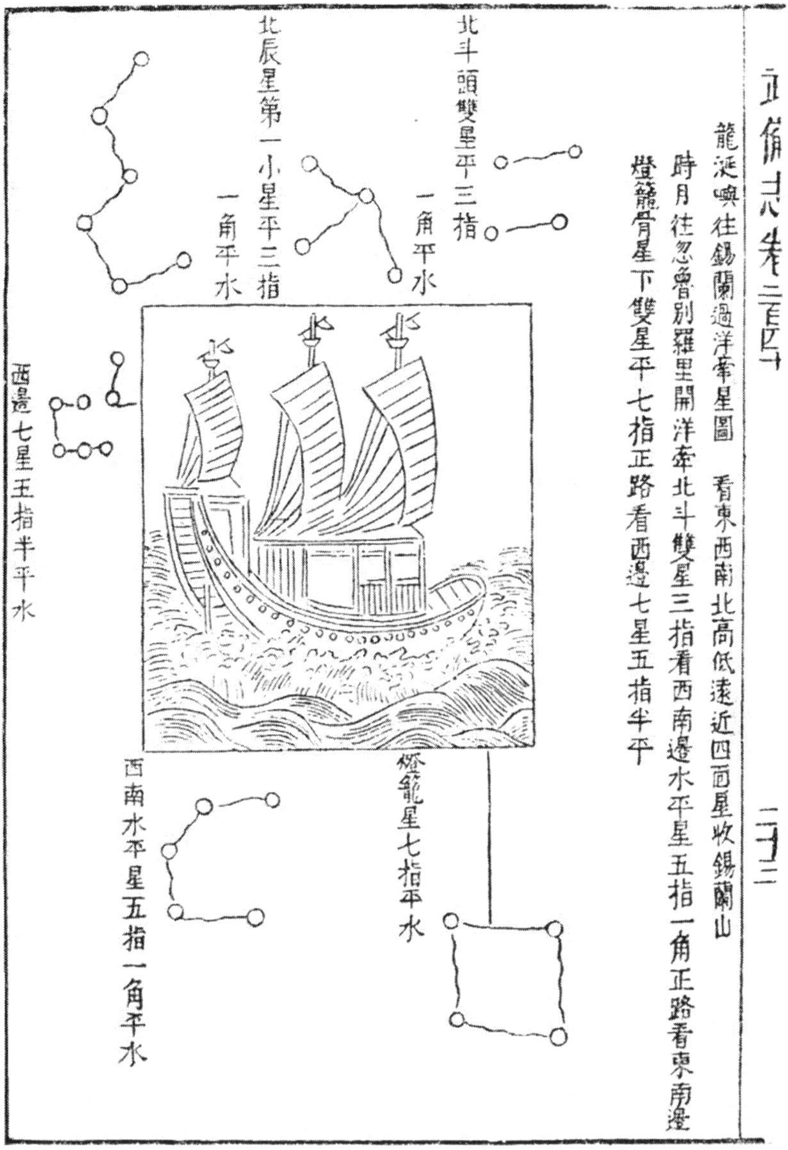
武備志卷二百四十
二十三
龍涎嶼往錫蘭過洋牽星圖　看東西南北高低遠近四面星收錫蘭山
時月往忽魯別羅里開洋牽北斗雙星三指看西南邊水平星五指一角正路看東南邊
燈籠骨星下雙星平七指正路看西邊七星五指半平
北斗頭雙星平三指
一角平水
北辰星第一小星平三指
一角平水
西邊七星五指半平水
燈籠星七指平水
西南水平星五指一角平水

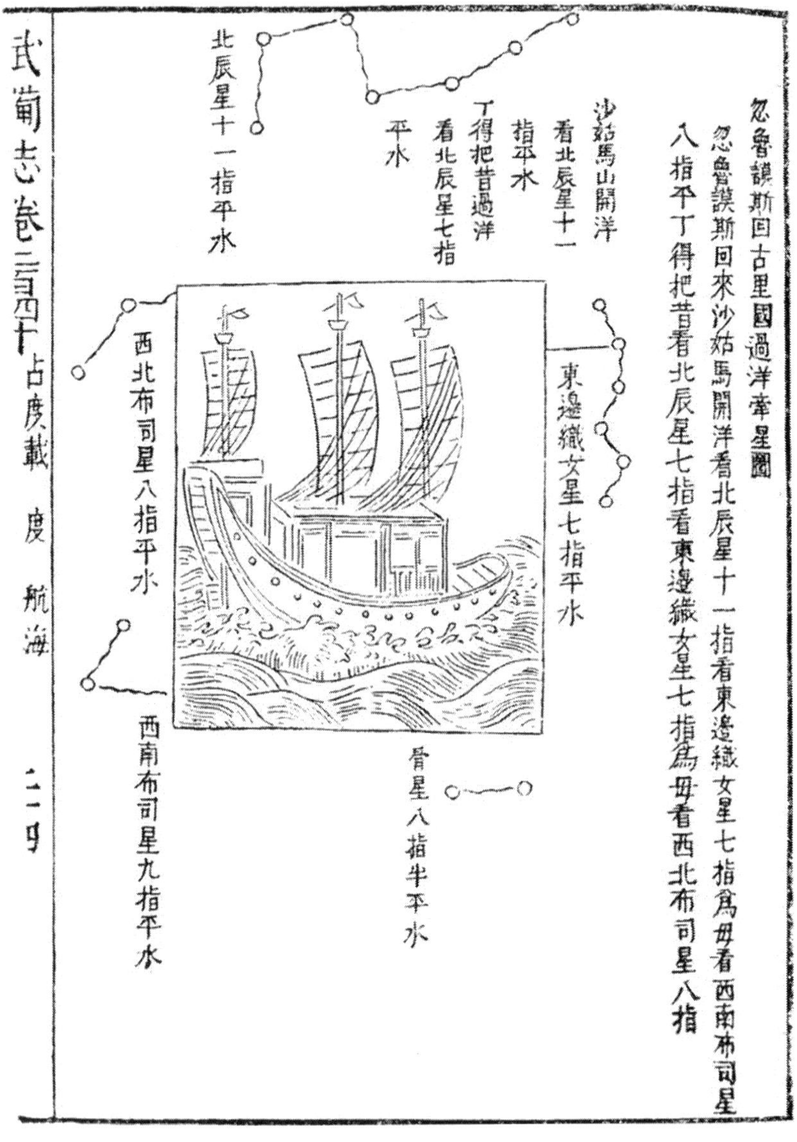
忽魯謨斯回古里國過洋牽星圖
忽魯謨斯回來沙姑馬開洋看北辰星十一指看東邊織女星七指爲母看西南布司星
八指平丁得把昔看北辰星七指看東邊織女星七指爲母看西北布司星八指
沙姑馬山開洋
看北辰星十一
指平水
丁得把昔過洋
看北辰星七指
平水
北辰星十一指平水
東邊織女星七指平水
西北布司星八指平水
骨星八指半平水
西南布司星九指平水
武備志卷二百四十　占度載　度　航海　二十四

第三章 鄭和艦隊組織編制規模與航線

中國之內陸航運古來發達，海運之發展，始於南宋而盛於元朝。元朝為東征日本，南征安南，均造有巨大戰船。明承元緒，在洪武初便在首都南京建立大造船廠，位在龍江，故名龍江船廠。

按明代主持過龍江船廠的李昭祥所著《龍江船廠志》，其廠區分前廠、後廠，各有通長江的水道。船廠組織完善，規模極大，該書亦研究鄭和重要文獻。

龍江船廠後亦稱寶船廠，專為建造鄭和下西洋各類戰船，並在龍江口置龍江關（又叫下關、今南京市下關）。船廠屬工部，置提舉司、典史、指揮等官，下有廂長、甲長、作頭、監匠與匠丁，盛時員工有四百多戶。

鄭和的船艦大部分為龍江船廠所造，永樂時，在浙江、福建、江西、湖廣，遠至吉林、黑龍江，也建立了造船廠。但以南京龍江廠最大，這龍江廠和龍江關，不僅是鄭和寶船之產地，也是艦隊出航的基地。

壹、鄭和艦隊組織編制戰船與航線概況

鄭和的寶船又叫寶艅，艅者各大小船聯合在一起謂之艅，也就是一隻「聯合艦隊」。各類戰船大小不一，最大長四十四丈，闊十八丈，其桅桿大者九桅，小者二、三桅。前後七次出使，每次約百餘艘到二百多艘左右，全艦隊人員約二萬至三萬人。

艦隊各級組織，最高為正使太監鄭和，以下有副使、監丞、少監、內監、都指揮、指揮、千戶、百戶、舍人、戶部郎中、鴻臚寺序班、陰陽官、陰陽生、醫官、醫士、旗校、勇士、力士、軍力、餘丁、買辦、通譯、及書手等。集各種人才，功能齊全，備遠征之用。

這也是一支海陸兩棲作戰部隊，遇有戰事，則正使太監為總兵官，掛大元帥印；副使為副總兵，掛副元帥印；以下軍官有都督、參將、遊擊、把總等編制。這個艦隊有政治、軍事和經濟三大任務。政治任務是個大使節團，去宣揚中國之德威締結邦誼。

軍事任務是一支海陸遠征軍，可以應變制敵，弭平動亂，打一場戰役等，均有實力承擔；經濟任務是促進中外經貿交流。雖二萬多人的艦隊，對南洋西洋各小島國而

言，是龐大的勢力，所以能生擒陳祖義、亞烈苦奈兒與蘇幹剌。

鄭和七次航行地域不同，但有大致相同原則性的航線。從南京龍江關出發到太倉劉家港短暫停留，主要進行未完的補給，再從劉家港出江口。所以鄭和在劉家港特修建天妃宮（南京獅子山麓，明成祖敕建，奉祀海神媽祖），祈禱出海航行平安。所以，劉家港也算出航地。

出江後，沿我國海岸南行，到福建的長樂，這是第二站，再停泊進行最後未完成事物，並待適宜天候，從長樂的五虎門放洋，這才是正式出洋。

出洋後第一站先到占城之新州（今越南歸仁），由占城一直南航，可到爪哇的蘇魯馬益（今泗水）和蘇門答剌島的舊港等地。由此轉向西北到滿剌加（今麻六甲），滿剌加是東西交通孔道，位勢重要，早在永樂元年，便已遣宦官伊慶出使滿剌加。

滿剌加對明朝最恭順。滿剌加是十四、十五世紀由拜里米蘇拉所建立的封建王國，約在今馬來西亞麻六甲州。當時國王曾到中國朝貢，貢使絡繹不絕，鄭和即以滿剌加為中途站，在此設有倉庫和軍事基地。

過滿剌加向西，常到須文達那（蘇門答剌或叫亞齊）停泊。再從須文達那進入印度洋之翠藍嶼（尼古巴群島的大尼科巴島，在北孟加拉灣），再到錫蘭山（古稱獅子國）。然後，航繞印度半島到小葛蘭（**Quilon**）、柯枝（**Cochin**）、古里（**Calicut**）等地。

這是艦隊主隊所航行的一條主線，可稱為大綜行程。大綜之外有分綜，分綜是支隊航行的支線，通常大綜到一個重要港口，就分出若干支隊，分訪附近各地區。這類分綜較複雜，也可以歸納出幾條支線。

第一支線，以占城新州港為據點，分向東南的渤泥（婆羅州）與西南的中南半島和馬來半島各地。渤泥國王麻那惹加那於永樂六年（一四〇八年），率團到南京，十月因病去世，明成祖將他安葬在南京雨花區石子岡，有專人看護和祭祀。明亡後荒廢，一九五八年被南京市文物局發現，後列為文物古蹟保護，這是鄭和下西洋外一節，溫馨故事，渤泥乃今之汶萊。

第二支線，以須文達那（亞齊）為據點，再分二支，一支北航榜葛拉（孟加拉），一支西航錫蘭山。在十六、十七世紀，亞齊蘇丹國曾是強權，亞齊人源自占城占族，占城被越南滅亡，占族人逃到亞齊，壯大建國。

第三支線，以古里為據點，再分二支。一支北航到波斯灣，直達忽魯謨斯，或繞阿拉伯半島經祖法兒（乃今之**Juwara**，阿曼的佐法爾省）、阿丹（**Aden** 葉門亞丁），再深入紅海到天方（今麥加）；另一支航向非洲東岸之木骨都束、朴刺哇、竹步等。

以上僅簡略說明。

貳、鄭和艦隊各類戰船與載量

鄭和艦隊所用各類船型，或有那些種類的船，因史料欠缺，難有完整的描述。在茅元儀《武備志》卷二百四十航海圖所附四幅「過洋牽星圖」（見第二章），可見其輪廓，那只是一個象徵，無法說明什麼。

但合理的判斷，鄭和下西洋的船，應該就是明朝當時所用的各式戰船。頂多是因應海洋的需要，加強或改造某種功能。是故，首先得知道明代有那些戰船，按《古今圖書集成．戎政典水戰部》，明代戰船種類有：

（一）廣船，外型最大，質料最堅，用鐵力木所造，故作戰時遠非其他船型所能抵禦，惟船身下窄上寬，狀若兩翼，在裏海則穩，在外洋則動搖，不利於遠航。

（二）福船，高大如城，其底尖，其上濶，其首昂，其尾高聳，設樓三層於上，其帆桅二道，中為四層，最下一層不可居，惟實土石以防輕飄之患，吃水一丈一二尺，惟利大洋，不然多膠於淺，無風不可使。

（三）草撇船，又名哨船，即福船之小者。

（四）海滄船，與哨船同，吃水七八尺，風小亦可動，但其功力皆非福船比。

（五）開浪船，以其頭尖故名，吃水三四尺，四槳，一櫓，其形如飛，內可容三五十人，不拘風潮順逆者也。

（六）叭喇唬船，浙中多用之，首尾一樣，底用龍骨直透前後，濶約一丈長約四丈未有小官倉，艙面面兩旁各用長板一條，兵夫坐向後而棹槳，每邊用槳十支或八支，其疾如飛，有風竪桅，用布帆。

（七）艟䑦船，改蒼山船制為艟䑦，比蒼山稍大，比海蒼小遇倭船，遇倭船或小或少皆可施功。

（八）蒼山船，首尾皆濶，帆櫓兼用，風順則揚帆，風息則盪櫓，其櫓設於船之兩旁，腰半以後，每旁五枝，每枝二跳，每跳二人，其制以隔板為二層，下層鎮以石，上一層為戰場，中一層穴梯而下臥榻在焉。

（九）八槳船，可供哨探，不能擊賊。

（十）鷹船，兩頭俱尖，不辨首尾，進退如飛，可當衝鋒之用。

（十一）漁船，每載五人，一人執布帆，一人執槳，一人執鳥嘴銃，隨波上下，易進易退，敵舟瞭望所不及。

（十二）網梭船，其形如梭樣，竹桅，布帆，僅可容二人，衝風冒浪，入山取穀菜紫菜打漁之利，亦可為哨探，乃漁船之至小者也。

（十三）兩頭船，船巨，遇風，懼難旋轉，兩頭製舵，遇東風則西馳，遇南風則北馳，海道諸船，無逾其利，以此衝敵，賊舟雖整可亂也。

（十四）沙船，底平，不能破深水之大浪，故惟便於南洋，北洋淺南洋深也。北洋有滾塗浪，福船蒼山船底尖，最畏此浪，惟沙船却不畏此。

（十五）蜈蚣船，形如蜈蚣，係嘉靖四年傳入中國者，有佛郎機銃，威力極大。

（十六）鳥嘴船，船首形如鳥嘴，有風則蓬，無風則櫓，長四五尺，南人亦用捕魚。

（十七）鴛鴦槳船，用二舟活扣一處，形如艦船，不用蓬桅，各長三丈五尺，濶九尺，勇士搖槳，每邊六把，如趕敵則兩邊飛棹，分則兩舟夾攻，使彼在右難救。

（十八）子母舟，長三丈五尺，前二丈如艦船樣，後一丈五尺，只有兩邊幫板，腹內空虛，後藏一小舟，通連一處，母船內裝茅薪油麻火藥粗線，接戰時母船發火，與彼並焚，我軍後開子船而歸。

（十七）赤龍船，形如龍，分作三層，舟底造龍骨，中空，用機括以鐵墜之，風濤不能沈溺，舟內藏火器，彼敵接近時，暗機一動，神火毒煙神箭飛弩一舉俱發。

（十八）火龍船，狀如海舶，分上中下三層，首尾設暗艙，兩旁設飛槳或輪，乘風排浪，往來如飛，內設機關，賊登船即被翻入中層，生擒活縛；若衝入敵陣，兩旁暗伏火器，百十餘件，左衝右突，勢不可當。

（十九）聯環舟，約四丈餘，外視若一舟，分則為二舟，前半戳三分之一，後半戳三分之二，中聯以環，前截載大砲，神煙，神砂，毒火等器，舟首釘大倒鬚釘，以舟首撞賊舟至上，前環自解，後船則囘本營，迺水戰之奇策也。

上列可代表明代戰船之大部分，但尺度規格大小則無從查考。按李昭祥《龍江船廠志》，僅在其卷二〈舟楫志〉列有當時所用之小型舟楫圖式，規格如下：

預備大黃船，長七、九三丈，深五、二四丈，底寬一、五丈，双桅

大黃船，長八、〇四丈，深五、四一丈，底寬一、四四丈，双桅

小黃船，長七、九五丈，深五、四五丈，底寬一、五丈，双桅
四百料戰座船長八、九五丈，深六、〇五丈，底寬一、六五丈，双桅
四百料巡座船長八、八丈，深六、二丈，底寬一、六五丈，双桅
二百料戰船長六、〇八丈，深四、二五丈，底寬一、二六丈，双桅
二百料一顆印巡船長五、七八丈，深四、三丈，底寬一、二丈，双桅
一百五十料戰船長五、五丈，深四、二丈，底寬一、一丈，双桅
一百料戰船長四、四丈，深三、四二丈，底寬〇、八一丈，單桅

《明會典》云：「永樂五年，改造海運船二百四十九隻，備使西洋。」可見得，為鄭和下西洋需要龐大艦隊，許多海船、原有戰船，可能都要改造以提升性能。

前述「料」，是明代應用作為船舶載重量單位，倭奴國人清水泰氏，認為「料」就是「石」。《天工開物》是明代中葉後著作，對明代船制有所敘述，提到航行國外之海船，有比明初海運船大十倍。另《古今圖書集成》卷一七八〈考工典舟楫部元海舶圖〉云：「海舶廣大，容載千餘人，風帆十餘道。」這是很大的船。

「料」與「石」關係如何?按周鈺森《鄭和航路考》的深入比對，我國舊制容量

以石斛斗升為單位，「料」是新名稱。茲將前述《龍江船廠志》各船型之尺度，以長深及底寬之相乘積六折計之，再折合庫平制（民國公佈）三一・六立方寸為一升所得之每一船型之總容積及每料平均容積之石數，列表如下：

四百料戰座船，	總容積一六九六七石，	每料平均四二、四石
四百料巡座船	總容積一七〇九三石，	每料平均四二、七石
二百料戰船	總容積六二〇五石，	每料平均三一、〇石
一百五十料戰船	總容積四四二九石，	每料平均二九、五石
一百料平船	總容積二三二八石，	每料平均二三、二石

如表所述，每料平均容積自二三石到四二石不等，倭奴王國清水泰氏認為「料」就是「石」，即一料是一石，可證其錯。明初各衛之舟師，以一千料、七百料或五百料之大船為「火船」（用於對戰），以較小之四百料、三百料或二百料為快船（用於追逐）。然此種船僅應用沿海各衛舟師，鄭和出使西洋船艦更為巨大，為合理判斷，其船型如「過洋牽星圖」所示。（見第二章）

明史鄭和傳云：

「造大舶修四十四丈，廣十八丈者六十二」。

鄭和家譜列舉大型者及中型者計兩種：

「撥舡六十三號。大者長四十四丈，濶一十八丈；中船長三十七丈濶十五丈」。

明鈔說集本瀛涯勝覽所載亦分大中型兩種：

「大者長四十四丈四尺，濶一十八丈；中者長三十七丈，濶一十五丈」。

鄭和艦隊之船型，確實比元代戰船更巨大。按羅懋登（字登之，號二南里，陜西人，生卒年不詳，約明神宗時人。著有《三寶太監下西洋記通俗演義》二十卷、《香山記》）所述，鄭和艦隊船型，依各種不同用途有大小之分，用途尺度和桅數，列表如下：

寶船	長四四、四丈	濶一八、〇丈	九桅
馬船	長三七、〇丈	濶一五、〇丈	八桅

糧船　長二八、〇丈　濶一二、〇丈　七桅
坐船　長二四、〇丈　濶　九、四丈　六桅
戰船　長一八、〇丈　濶　六、八丈　五桅

南京下關靜海寺（明成祖為表彰鄭和功德，敕建的佛教寺院。在今之南京市鼓樓區門外獅子山建寧路二八八號，一八四二年中英《南京條約》在此談判簽訂。）有鄭和之造船殘碑，內有大型之二千料船及中型之一千五百料船，及八櫓船等。合以上所舉尺度之相乘積六折計之，再折合庫平制三一．六立方寸為一升所得之總容積及每料平均容積之石數，即可得：

二千料船，總容積六七三七五六石，每料容積三三七石。

一千五百料船，總容積四五四五六三六一石，每料容積三〇四石。

這是鄭和艦隊最大的船型。（編者註：二千料船，六十七萬餘石；一千五百料船，四千多萬石，應是明顯的錯，或《鄭和航路考》印刷校對的失誤。）茲將明成祖時代所造出使西洋用船錄要如下（均按《鄭和航路考》）：

永樂元年五月辛巳，命福建都司造海船百三十七艘。（《明成祖實錄》卷二七）

永樂二年元月壬戌，命京衛造海船五十艘，癸亥將遣使西洋諸國；命福建造海船五艘。（《明成祖實錄》卷二七）

永樂三年六月，命浙江等都司造海舟一千一百八十艘。（《明成祖實錄》卷四三。）

永樂五年九月乙卯，命都指揮汪浩改造海船二百四十九艘，備使西洋。（《明成祖實錄》卷七一）

永樂六年二月，命浙江金鄉等衛改造海船三十七艘。（《明成祖實錄》卷七六）

永樂七年十二月丁未，命揚州等衛造海船五艘。（《明成祖實錄》卷九九）

永樂九年十月辛丑，命浙江臨山、觀海、定海、寧海、昌國等衛造海船四十八艘。（《明成祖實錄》卷一百二十）

永樂十七年八月巳卯，造寶船四十一艘。（《明成祖實錄》卷一百二十）

又永樂元年，命有使造海舶二百五十艘。（嚴從簡，《殊域周咨錄》）

嚴從簡，別號紹峰子，浙江嘉禾人。明代行人司行人和刑科右給事中，他在明萬歷二年著《殊域周咨錄》，明代邊疆和中外交通史的書，曾任婺源縣丞和揚州同知。「行人司」，賞管外事。

參、欽差太監、正使太監、副使監丞、少監等

明代中央行政系統簡表

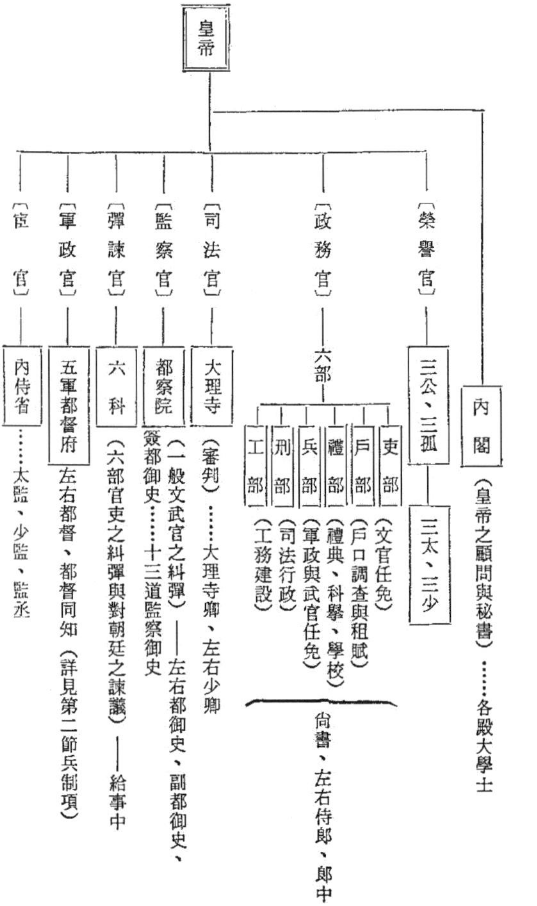

图表來源：陳致平，《中華通史》，第十冊（台北：黎明，民77），頁12.

明代「內侍省」的宦官組織龐大，有所謂十二監、四司、八局，謂之二十四衙門。十二太監，每監各太監一員，正四品；左右少監各一員，從四品；左右監丞各一員，正五品；典簿一員，正六品，長隨奉御無定員，從六品。太監中有欽差、正使、副使等，皆是特任。

司禮監太監有最大權威。明成祖打破了明太祖禁令，重用太監，幾乎無所不管。例如有：（一）司門太監，管理宮門、城防；（二）提督東西廠太監，管刑獄、逮捕、反側；（三）鎮守地方太監，監督軍政；（四）市舶倉場太監，監督地方財政；（五）監軍太監，監督地方軍事；（六）礦監稅監……太監成了「總管」。到後來，內閣大學士的擬票，要取決於司禮太監的批紅。凡此，是明中葉後宦官之禍源頭。

按《鄭和家譜》所述，下西洋有欽差太監七員，副使監丞十員，少監十員，內監五十三員，共八十員。另馬歡在《瀛涯勝覽》一書，記述永樂十一年之一次出使，有正使太監七員，監丞五員，少監十員，內官內使五十二員，共七十四員。判斷鄭和每次出航，有大約七十至八十太監隨行，有七名正使太監為實際主持。

鄭和的七次出使，隨行太監總數應有數百人。但在各種官方、私人史籍及碑、志等文獻資料中，能留下姓名者，極為稀少，列其名錄如下：

鄭和、王景弘（《福建長樂南山寺天妃靈應記碑》、《江蘇婁東劉家港天妃宮通番事蹟碑》、《星槎勝覽》、《瀛涯勝覽》、《明史》）

侯顯（《明史》、《星槎勝覽》）。

李興、朱良、周福、洪保、揚真、張達、吳忠（《長樂碑》、《通番事蹟碑》、《瀛涯勝覽》）。

王貴通（《錫蘭山佛寺碑》）。

揚慶（《明史》、《西洋番國志》）。

楊敏、李愷（《明史》、《星槎勝覽》）。以上諸人，除鄭和、王景弘外，其餘往往輪流隨行，僅奉使一二次或三四次不等。

可見人生要留個好名很難，真的是「一將功成萬骨枯」，鄭和艦隊七次出使，所有成員至少十餘萬人以上。只有一個鄭和鮮明偉的立於歷史舞台，其餘全都埋沒在歷史的荒枯亂草中，非要有心的史家去挖崛，才能再發現幾人。而這幾人，若非有心的周鈺森在《鄭和航路考》，讓他們再出來與六百年後的人相見，再隔幾百年，也就無人知曉了！

周鈺森的《鄭和航路考》一書，出版至今已過半個多世紀，早已絕版，再過幾十年，可能連書也不見了。筆者有心使這些少為人知的壯舉，能夠再流傳。這是重編本書的動機，也是我對中華民族一點微小的使命。

肆、都指揮、指揮、千戶、百戶

明朝的軍隊，以「衛所」為基本編制，從京師到地方，全國遍設「衛所」。衛所外統於都司，內統於五軍都府。除了直衛親軍（北京、南京）直轄天子，國家遇有戰事則徵調地方軍隊，臨時派將領統率之，戰罷，將上印，兵回衛，這是仿唐代的「府兵制度」。

衛所編制，大者稱「衛」，小者為「所」。五千六百人編成「一衛」，一千一百二十人為「千戶所」，一百一十二人為「百戶所」。每百戶所分成兩總旗，一總旗為五十人，再分五小旗，一小旗為十人。

地方都司設有都指揮使，衛設有衛指揮使，千戶所有正副千戶，百戶所設有百戶，為地方部隊訓練的統訓長官。如表所示。

都司（都指揮使）	衛（衛指揮使） 千戶所（正副千戶）—百戶—	一總旗—五小旗 一總旗—五小旗

按《鄭和家譜》記載，都指揮二員，指揮九十三員，千百一百零四員，百戶一百零三員。

《瀛涯勝覽》記載，都指揮二員，千百一百四十員，百戶四百零三員。

《長樂碑》記載宣德六年（一四三一年），都指揮朱直、王衡立。準此，每次鄭和下西洋，有二員都指揮負責全軍指揮之責，最後一次出使之都指揮，即朱真和王衡立二人。都指揮以下，史籍可考其姓名有：

李實、何義宗（指揮僉事）。

彭以正、林全（正千戶）。

唐敬流（官指揮官）。

王衡（流官指揮僉事）。

林子宣（流官指揮使）。

胡復（流官指揮僉事）。

哈只（流官指揮使）。

陸通、馬貴、張通、劉海（正千戶）。

徐政、汪海（千戶）。

以上見《明成祖實錄》卷一百十八、卷一百六十六、卷一百七十一。另有名拾班者，古里國人，慕德來歸，授南京錦衣衛鎮撫，宣德五年，出使西洋。宣宗嘉其功勞，升為副千戶，賜姓名沙班。

明朝的「上直衛親軍」，先有明太祖設十二衛，後明成祖又設十衛，宣宗又加四衛。這便是「北京二十六衛」，其中「錦衣衛」有最高權威。

伍、戶部郎中、鴻臚寺序班、陰陽官生、教諭通事、醫官等

戶部，六部之一，專管戶口調查和租賦，設尚書一員，正二品，侍郎左右各一員，正三品。明代為完善租賦，極重視戶口調查，每十年一次，建立《黃冊》、《魚鱗冊》、《軍黃冊》、《白冊》等，乃浩大之工程，故稱「大造」。

鄭和出使，統舟師數萬人，經歷數十國，費巨大之餉糧。史料記載戶部特派專員隨行，以利清理龐大財經事宜，惟史載不詳。

鴻臚寺，五寺之一，設卿一人，正四品；左右少卿各一人，從五品；左右寺丞各一人，從六品。另有主簿、司儀、司賓等，鴻臚寺職掌朝會、賓客、吉凶禮儀、祭祀、宴饗、冊封等事。鄭和出使，鴻臚寺有專員隨行，《鄭和家譜》僅記二員，應不止於此數。

陰陽官生。管天文、占侯（觀察天象、預測天氣等專家）、占星等，按《鄭和家譜》所記，每次出使有陰陽官一人，陰陽生四人。

教諭通事。教授、教誨、訓導、通事、通譯（精通各國語言、文字者）。鄭和出

使需要很多這類人才，但有姓名可考有：郭崇禮、馬歡（瀛涯勝覽）、費信（星槎勝覽）、掌教哈三（西安清真寺碑）。

醫官醫士。明代設有太醫院，為三院（另二是都察院、翰林院），置院使一人為正五品，院判二人正六品。中國醫藥古來發達，醫官、醫士都有專科教習，且分科療治有：大方脈、小方脈、婦人、瘡傷、鍼灸、眼、口、齒、骨、傷寒、咽喉、金鏃、接摩、祝由等科。

鄭和出使每次數萬人，廣涉異邦，水土不同，又窮漲海洋，難免多有傷病。按《鄭和家譜》記，每次出使有醫官醫士一百八十人，僅三位醫官可考：陳以誠、陳常、彭正。

其他如旗校力士勇士、餘丁民稍等，大約是軍隊中最基層的角色。「火長」為掌更漏和駛船針路者，舵工班、碇手、鐵錨等，大致都是海上航行技術人員。如同現代艦隊，除最高的艦隊司令，還有各層級指揮、作戰官兵，乃至煮飯、打掃人員，一個不能少。

明代宋應星著《天工開物》一書，對明代造船工藝也有深入論說。宋應星，字長庚，江西奉新人，萬歷四十三年進士，曾任安徽亳州知府。該書初刊於明崇禎十年（一六三七年），在中國流傳極少，早已絕版，而倭國有原書翻刻版。民國十七年，武進人陶湘始據倭本重印，並由我國科學家丁文江作跋。

《天工開物》是明代中葉後著作，對明代舟制論述，不僅專業且可靠，對海船大小如是說：

「凡海舟，元朝與國初運米者曰遮洋淺船，曰鑽風船，所經道里，止萬里長灘黑水洋沙門島等處，苦無天險，與出使琉球日本暨商賈篤泥等舶，制度工資不及十分之一。凡遮洋運船，制視漕船長一丈六尺，濶二尺五寸，器具皆同，唯舵桿必用鐵力木，艌灰用魚油桐油，不知何義。凡外國海舶，制度大同小異」

此處說明當時海船甚為龐大，同時代也有阿拉伯商人易逢把圖塔，在其《紀行書》中有相同之記載。讓我們相信，鄭和所率艦隊是當時全球最大，船亦全球最大。

第四章　鄭和航海全圖的源流

鄭和航海全圖，原名「自寶船廠開船從龍江關出水直抵外國諸番國」（見全圖首頁，第二章），初刊載於明代茅元儀所著《武備志》卷二百四十之圖首方格內。

茅元儀，萬曆二十二年八月四日（一五九四年九月十七日），出生在一個書香門第之家。歸安（今浙江吳縣）人，字止生，號石民，又號夢閣主人。

茅元儀祖父是文學家茅坤，父親國晉官至工部侍郎。曾任經略遼東的兵部右侍郎楊鎬的幕僚，後為兵部尚書孫承宗重用，崇禎二年升任副總兵，治舟師戍守覺華島（菊花島、今遼寧興城南。後被權臣所害，於崇禎十二年（一六四〇年），鬱鬱而終。

《武備志》，又稱《武備全書》，二百四十卷，一〇四〇五頁，茅元儀於天啟元年（一六二一年）刻印，是一部「軍事大百科全書」。

鄭和航海全圖，完成於宣德五年（一四三〇年），《武備志》刊行於天啟元年（一六二一年），之間相距一百九十一年。全圖如何落入茅元儀之手？在周鈺森《鄭和航路考》有所析論，本章略為轉述。

壹、確認鄭和航海全圖製成於宣德五年之考證

按明代李昭祥著《龍江船廠志》，成書於明嘉靖三十二年（一五五三年）。該書記載，明洪武初年在南京龍江關建龍江船廠，為大明官營船廠之一，隸工部，都水司郎中總其事，專為打造戰船而設。

永樂元年（一四〇三年）龍江廠開始建造寶船，第一次出使是永樂三年（一四〇五年）。按航海全圖之首頁有「淨海寺」（靜海寺，今南京鄭和紀念館也在寺中），築成於洪熙元年（一四二五年），成祖為表彰鄭和功德而建，足證海圖製成於一四二五年之後。

又鄭和最後一次出使，宣德五年（一四三〇年）到宣德八年（一四三三年）。其艦隊分遣由古里到天方（今麥加），海圖中未指明有此重要之地，可見海圖製成於此次出使之前，洪熙元年到宣德五年，前後六年間。

鄭和第六次出使後成祖晏駕，仁宗即位。當時朝臣認為出使西洋於國家無益，還

是一弊政。仁宗乃令：「下西洋諸番國寶船，番皆停止；如已在福建、太倉等處安泊者，俱回南京。」負責守備南京。

守備南京時期，各船經歷合併記述，構成一完整下西洋海圖，實為應時之舉，判斷該圖為集體之作。其製成時間在洪熙元年到宣德五年間，即守備南京六年內，而以宣德五年（一四三〇年）為合理判斷。

貳、進呈朝廷經過考查

海圖製作完成後，呈朝廷以備查考，這也是按正常程序的推論，因為由何人呈？何時呈？呈到哪一層級？皇帝如何批示等？皆不可考。只能從間接證據去推述。

在當時曾隨鄭和出使西洋的太倉州人費信，於最後一次出使回國後，於英宗正統元年（一四三六年，著《星槎勝覽》一書，該書曾進呈朝廷，其自序曰：

臣本吳東鄙儒，草茅之士，以先兄戍太倉衛，未幾蚤世，臣繼戍役，至永樂宣德間（一四〇三—一四三五），選隨中使至海外，經諸番國，前後數四，歷覽風土人物之宜，采輯圖寫成帙，名曰《星槎勝覽》。

其所云采輯「圖寫」成帙，這「圖寫」二字何意？是指「鄭和航海全圖」？但海圖在當時仍是「公有物」，不會放在私人著作。後有法國人伯希和氏在《鄭和下西洋考》一書中，於序箋註說：

羅克希耳氏於躊躇之下，終以此圖字作地圖解，並考究此地圖是否為菲力卜思氏在王家亞洲學會華北支部報第二十至二十一冊中，所研究之十五世紀地圖之原本（按指本海圖）。兌溫達氏則以此處之圖非地圖，而為繪圖；麥耶兒氏早作此解。伯氏亦然。

按周鈺森之詮釋，「圖寫」二字作「描寫、描繪」外，也有附圖的含意。蓋費信進呈《星槎勝覽》時，另附一圖為補助，在吾國古代史地亦常有之習慣。惟費信的「呈朝廷本」和「自留原本」有所差別，自留原本的自序沒有「圖寫」二字。其序云：

永樂至宣德年間（一四〇三—一四三五），選往西洋四次，隨從正使太監鄭和等至諸海外，歷覽諸番風土所產，集成二帙，曰《星槎勝覽》，前集者親覽目識之所至也，後集者採輯傳譯之所實也。

因此，進呈朝廷本有附圖（即海圖）是合理推論。費信原序說「採輯傳譯」之其他記載，即元代汪大淵所著《島夷志略》一書。汪大淵，字煥章，元代商人、航海家。生元至大四年（一三一一年），卒元至正十年（一三五〇年），江西南昌人。二十歲就隨商船玩到今之澳洲，乃至南洋西洋各國，玩到至元五年（一三三九年）才回泉州，著《島夷志略》傳世。

《星槎勝覽》用了不少《島夷志略》的記述，兩書所記各國名稱和地方大致相同，最可驚奇者，二書和鄭和海圖所列各國譯名一致。證明三者關係密切，在守備南京時期那六年，費信亦在鄭和之幕，可見海圖製作，費信也參與。

參、保存經過考證

鄭和海圖進呈朝廷，除費信的「呈本」略述外，未有其他記錄。惟在《星槎勝覽》成書後約三十年之成化間（一四六五—一四八七年），憲宗忽然要看鄭和出使水程，被車駕郎中劉大夏所匿，乃知朝廷確曾保存該檔冊。

明代嚴從簡在他所著《殊域周咨錄》有所記述。嚴從簡，字仲可，浙江嘉興人，嘉靖三十八年進士，曾任婺源縣丞、揚州同知。萬歷二年（一五七四年）始撰《殊域周咨錄》。在這本書卷八瑣里古國條云：

永樂二十二年（一四二四年）仁宗即位，從前戶部尚書夏原吉之請，詔停止西洋取寶船，不復下番。宣德中復開，至正統初復禁。成化間，有迎上意者，舉永樂故事以告，詔索鄭和出使水程，兵部尚書項忠命吏入庫檢舊案不得，蓋先為車駕郎中劉大夏所匿。忠詰吏，謂庫中案卷寧能失去，大夏在旁對曰，三寶下西洋費錢數十萬，軍民死且萬計，從得奇寶而回，於國家無益，此特一時敝政，大臣所當切諫者也。舊案雖有亦當毀之，以拔其根，尚何追究其有無哉

歷史上傳說劉大夏燒毀了鄭和航海圖，網路上喜歡歷史的人也有此討論。但都是野史，並無正史或較正式的證據，惟可以確定，經過此事後，朝廷中就未見過鄭和海圖，亦無官員提到此事。

朝廷線索雖斷，民間則另有發現，在明代南京黃虞稷的藏書樓「千頃齋」書目中，著錄《費信星槎勝覽前集一卷又天心紀行錄》。其下註曰：「字公曉，太倉衛人，永樂中從鄭和使西洋，記所歷之國。」

「千頃齋」是明崇禎間（一六二九—一六四四年），著名藏書樓（家），其館藏之豐富，冠於東南，書目完成於崇禎末年。《明史・藝文志》頗采錄之，亦著錄《費信星槎勝覽二卷、天心紀行錄一卷》，註亦同。

黃虞稷如何得到該書？已無從得知。惟明代朝廷在南京有大量圖書檔案，達十餘萬卷（冊），古今公家圖書館常在「汰舊換新」，甚至保管人員無知，把「寶物」當「廢物」丟棄，被民間收藏家收集典藏。此常有之事，亦合理推論。

此處要確認者，是費信著《星槎勝覽》前後集外，尚有〈天心紀行錄〉一卷，然這一卷如何會有？按「千頃齋」書目所註，係永樂中從鄭和使西洋記所歷之國，這些費信已在《星槎勝覽》前後集記述無遺，何需又在〈天心紀行錄〉重述，如需重述，通常只是補原書不足之部即可，此亦常理推述之。

又按費信在〈自序〉，其記述所歷各國風土人物別無他書，可見〈天心紀行錄〉是《星槎勝覽》進呈朝廷之附本，可能性較大。之後被劉大夏私藏，最後又散失民間被黃氏典藏。

肆、付刻行世之經過

嘉靖初年，與世宗一朝相終始，歷時四十年，倭寇（倭奴國之浪人）成為大明之巨患。先有巡撫御史胡宗憲主持平倭之亂，因無功憤而自殺，終賴俞大猷、戚繼光兩員大將剿滅倭寇。

胡宗憲主持剿倭之事時，曾編纂《籌海圖篇》，廣收海防圖籍，其時有茅坤（見《明史·列傳》，即茅元儀祖父）善古文，好談兵學，亦在其幕，《籌海圖篇》完成，茅氏應也得知不少資料。

茅元儀有了這樣家學背景，編著《武備志》二百四十卷，其海防部分大致同《籌海圖篇》，而最後卷之本國（鄭和海圖），應是籌海篇之附物，共有二十四頁，卷前有小序，茅子曰：

禹貢之終也，詳載言聲教所及。儒者曰，先王不務遠，君子不取也，不窮兵，不疲民，而禮樂文明，赫昭異域，使光天之下，無不沾德化焉。唐起於西，故玉關之外將萬里，明起於東，故文皇帝航海之使不知其幾十萬里，天實啟之，不可強也。當是時，臣為內監鄭和亦不辱命矣，其圖列道里國土，詳而不誣，載以昭來世志武功也。

可知是圖正是鄭和航海圖，予以付刻者，此刻本雖非原圖，尚保存了真跡。《武備志》在國內外圖書館均有典藏，在倭奴國亦有，清康熙年間，有施永圖（浙江秀水人、清代醫家）之後裔，刊行《武備地利》（四卷，水火攻一卷，二千年時，北京出版社重印，作者就是施水圖，另有武備天文、心略等卷）。

在《武備地利》也收錄鄭和海圖，然圖前無茅氏小序，四幅「過洋牽星圖」也不見了，全圖有刪改。如圖首無原名，地名有改，航線無針位，與《武備志》收錄原圖已有出入，可能都是轉抄之誤。

英人菲力卜思最初發現鄭和航海圖，是在一本叫《武備秘書》中，該書現藏倫敦博物館，內容和《武備地利》雷同，恐係同書異名。但從網路查《武備秘書》，又好像另一本書，部分同《武備地利》，書中「通外國圖」即鄭和航海全圖。

「鄭和航海全圖」有針位和航行指南，它是中國人在六百年前的海洋智慧結晶，自不同於現代海圖。該圖結構，主要有航線，船在航線中航行，正對船首左右兩側景物、地名、島嶼等，依前後順序逐一全現。

周鈺森先生書上的「鄭和航海全圖」，是從《武備志》抄錄下來，吾在本書從周先生書直接影印下來，周書已絕版，我抄影下來可使再流轉下去。

隨著中國「一帶一路」對世界的影響。越來越大，而鄭和的航海之路正是「一帶一路」的海路之部。「鄭和熱」必將越來越熱，因為不同於西方「掠奪性大航海」。

第二篇 鄭和艦隊航行

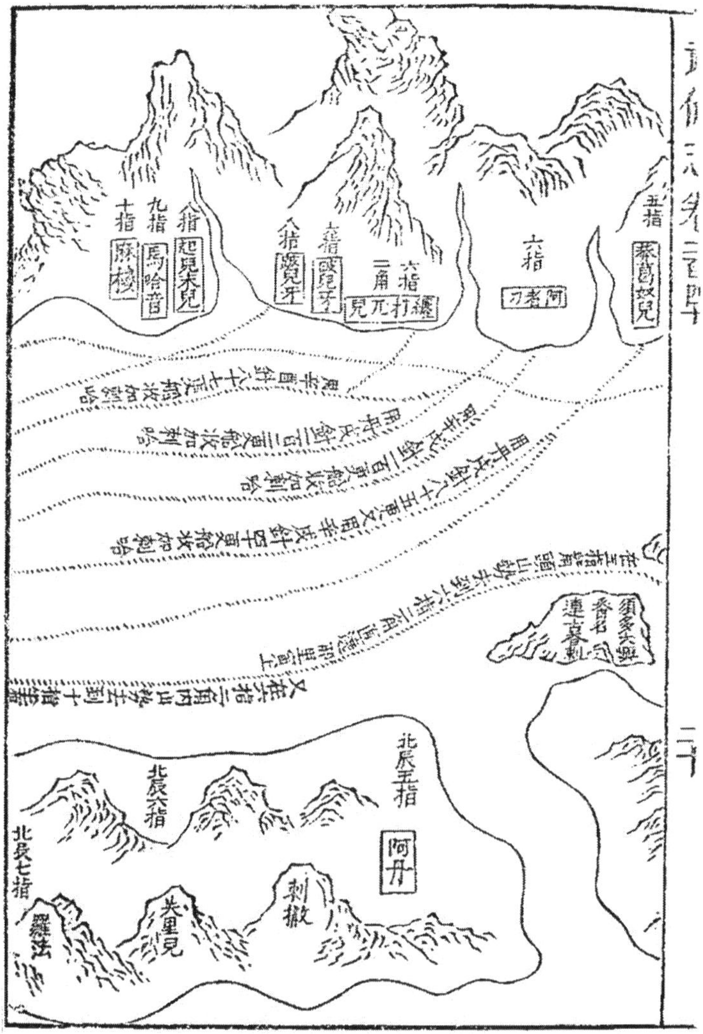

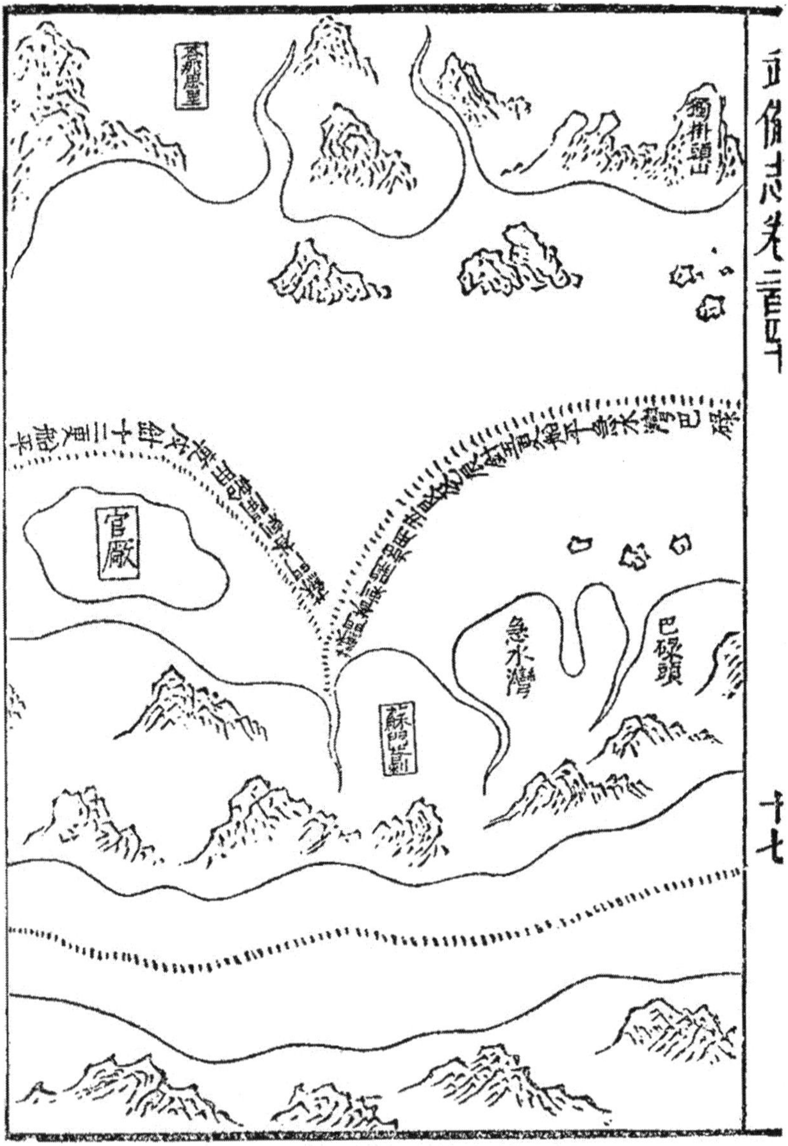
獨掛頭山
官廠
急水灣
巴碌頭
十七

第五章　鄭和船艦復原樣貌說明

中國造船業自隋唐以來就很發達。《永樂大典．薛仁貴征遼事略》，記載一段唐太宗征高麗故事，大軍分三路出發。太宗問過海之計：

……但覺風聲四面，波響如雷，杯盞傾側，身居動搖良久。帝不曉，令近臣揭帳幔視之，但見清清海水無窮。帝急問曰：「此乃是何處？」張士貴起而奏曰：「此乃臣過海之計，得一風勢，三十萬軍乘船過海，到東岸矣。」視之，果在船上。

這是《三十六計》之首計〈瞞天過海〉之原型史例。但三十萬軍過海，別說千年前之大唐時代，就以今之美國還是難度很高。

惟唐太宗征高麗是真正的戰史，三十萬軍乘船過海，應該可以形容唐代造船業很發達。歷史上有記載唐代用於海戰之主力艦有六種：樓船（旗艦）、蒙衝（裝甲艦）、鬥艦（戰列艦）、走舸（快艇）、遊艇（偵察艇）、海鶻（戰艦）。

從隋唐的基礎發展下來，宋元明的船已很龐大先進。按各項史料顯示，鄭和的寶船長是四十四點四丈，寬十八丈，其長寬比值是二點四六六，另中船比值也相同，基本上和宋船接近。

所要確定的，是不同時代尺值的換算，明代的「丈」是現在多少尺寸？由此再推出其他數據或規模。

福州曾出土一把「雕花黑漆木尺」，進行實際值的換算，得出：一丈等於二點八三公尺。

鄭和寶船長度四十四

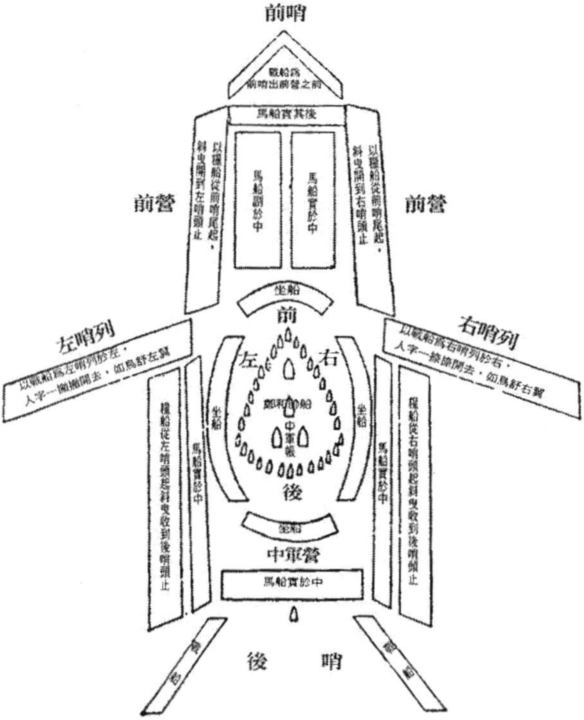

史料的缺乏，使鄭和寶船及船隊在海上的編隊成歷史之謎。根據目前的史及紀載及研究結論，學者認為以飛燕般的編隊航行海上，是鄭和船隊最可能採行的計畫編隊。

點四丈等於一百二十五點六五公尺；寬度十八丈等於五十點九四公尺。寶船吃水深度八公尺，以現代造船術語表示，其型深十二公尺，杆舷四公尺，舷牆一點五公尺。

按以上數據推論，鄭和寶船最大排水量是一萬四千八百噸，載重量約為排水量百分之五十計，鄭和寶船載重量約為七千噸。其他馬船、糧船、坐船、戰船，均可換算比值，得知大小規模。

羅懋登《三寶太監西洋記通俗演義》說「寶船有九道桅」，費信《星槎勝覽》說「能張十二帆」。則寶船中立三支高大主桅，前後各三小桅。

鞏珍《西洋番國志》說：「體勢巍然，巨無與敵，篷帆錨舵非二三百人莫能動。」若以寶船舵杆長度二一點九五公尺計，舵總重量十三噸，以每人可抬五十公斤計，抬動此舵要二百六十人。

船員在寶船上活動的想像圖
鄭和寶船的形制與尺寸，是研究學者爭論的議題。研究成果認為其長寬尺寸，在宋代古船於泉州灣出土，證明史料紀載長寬比之可能性。

泉州海外交通史博物館，曾在泉州灣的石湖海底，打撈出一具四爪鐵錨，考證結果是鄭和船隊的遺物，重量七百五十八點三公斤。按此推述，鄭和寶船的四爪鐵錨，重量達十一噸，抬動此鐵錨也要二百二十人。鞏珍之言，誠非誇張。

鞏珍在書上記載舟師編組，「每五船為一哨，每二哨為一營，每四營設一指揮官，統領以上舊有職掌」；「每戰船一隻，捕盜十名，舵工十名，瞭手二十名，扳招十名，上斗十名，碇手二十名，甲長五十名，每甲長一名，管兵十名。」這編組和戚繼光《紀效新書》完全一致，可能是明代統一編組。

龐大艦隊在大海洋中，如何完善其「指管通情」，確保舟師能安全完成任務。其通信系統是：「晝行認旗幟，夜行認燈籠，務在前後相繼，左右相挽，不致疏虞。」如遇有霧、雨或作戰指揮，即採用竹梆、喇叭、鑼、鼓或放炮，以不同聲響代表船隊前進、後退、休息、集合、起碇、扯篷、升帆、拋泊等。

大海航行維持方向是命脈，中國人大約已有一萬年海上活動史，其技術是每一代累積而成。大致分導航術、測速術、測深術、定向和動力等，是很專業的航海技術，才能確保舟師任務之達成。

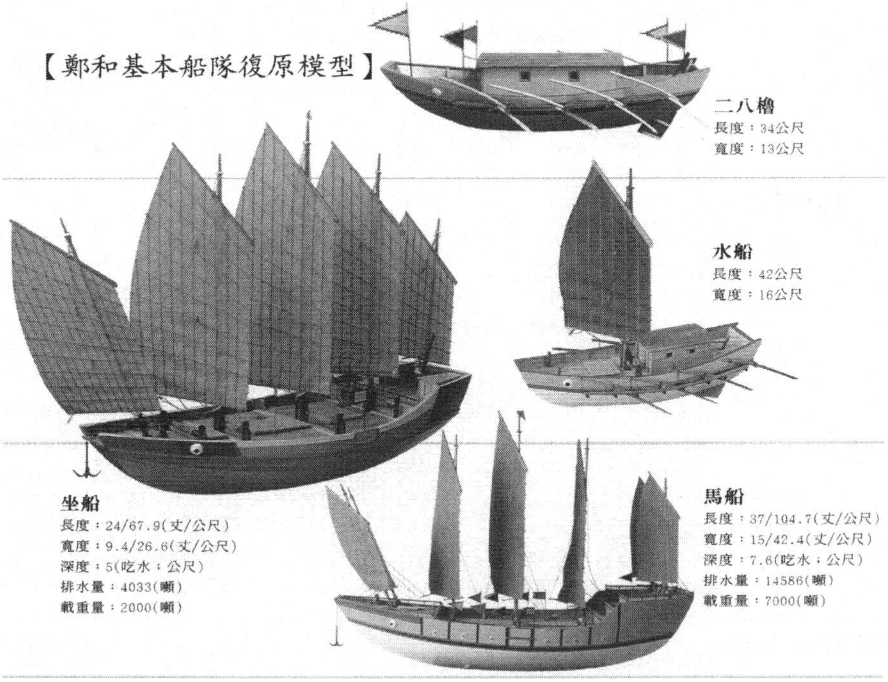
【鄭和基本船隊復原模型】
二八櫓
長度：34公尺
寬度：13公尺
水船
長度：42公尺
寬度：16公尺
坐船
長度：24/67.9(丈/公尺)
寬度：9.4/26.6(丈/公尺)
深度：5(吃水：公尺)
排水量：4033(噸)
載重量：2000(噸)
馬船
長度：37/104.7(丈/公尺)
寬度：15/42.4(丈/公尺)
深度：7.6(吃水：公尺)
排水量：14586(噸)
載重量：7000(噸)

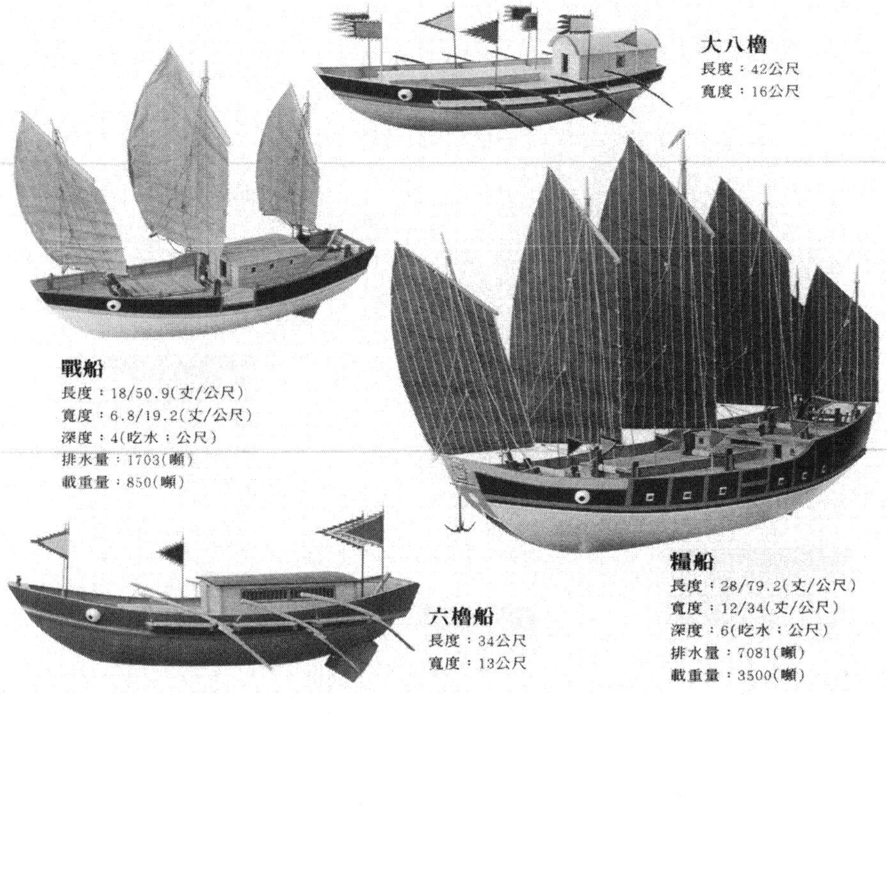
大八櫓
長度：42公尺
寬度：16公尺
戰船
長度：18/50.9(丈/公尺)
寬度：6.8/19.2(丈/公尺)
深度：4(吃水：公尺)
排水量：1703(噸)
載重量：850(噸)
六櫓船
長度：34公尺
寬度：13公尺
糧船
長度：28/79.2(丈/公尺)
寬度：12/34(丈/公尺)
深度：6(吃水：公尺)
排水量：7081(噸)
載重量：3500(噸)

第六章　航行術語、圖面說明和地名

鄭和航海全圖至今已將六百年（從一四三〇年製作完成起），如今要解讀多少有些不確定性，因為時空人事的改變，必帶動一切改變。例如地名，短短幾年，北平就變北京，台北縣就變新北市，何況海圖過了六百年。

幸好有周鈺森這本《鄭和航路考》，歸納、挖崛文獻典籍，整理出一些解讀途徑。本章就摘錄其部分，簡要概述如下。

壹、航行術語

三百六十行，行行有不同的術語，而這些術語也會隨著時代改變。例如，從風力進到電力，冷兵器到熱兵器，都在不斷改變。鄭和時代的船靠風力航行，其常用術語見於載籍者，分地形和航行兩大類列如後。

關於地形

正路，正常之航路。
中路，航路中間，航路之一半。
山頭，沿岸之明顯山峯。
門口，有山如門，其下有水道可以航行入口之處。
嘴，海岸之山角，日名「岬」，英名「Cape」或「Pointer」。
坤申，一作鯤身，沿岸之邱陵或起伏於海邊之沙岸。
平洲，平坦之沙洲。
沙埧，水道中有沙淺其形如埧之處。
沙淺，沙質淺灘。
泥淺，泥質淺灘。
礁淺，有礁石之淺灘。
頭，山石洲淺最先遇見或接近於航道之一端。
尾，山石洲淺最後遇見或遠離於航道之一端。

石牌，形如牌狀之礁石。

石排，形如排柵之礁石。

石欄，形如欄干之礁石。

老古石，或作羅股，⿰石婁⿰石古等，意謂有石塊或珊瑚礁羅列之處。

光古石，光頭之老古石。

沉礁，潛沉於水面下之礁石。

出水，露出水面。

生浪，發生浪花。

打浪，激生浪花。

沙地，沙質海底。

泥地，泥質海底。

老古地，石質海底。

連，礁石沙淺地形相連處。

橫出，礁石沙淺或地形橫出海中處。

生開，礁石沙淺在海中延伸擴大處。

高平水，高潮平水位。

白水，海水純清之區。

關於航行

出港，駛出海港。

離淺，離開淺灘。

打水，用鉛錘測量水深。

使，或作勢，意即航駛。

外使，向外航駛。

看，看望或測看。

見，望見或望到。

前見，在前方望到。

正看，正對面測看。

遠看，遠處測看。

近看，近處測看。

取，即趣或趨。

前過，某處之前方航過。

遠過，某處之遠方航過。

近過，某處之近方航過。

內過，某處之內邊航過。

外過，某處之外邊航過。

通過，某處航道中央通過。

巡，迂迴繞航。

過洋，通過某海洋。

放洋，滿帆航出海洋。

開洋，開航出海。

開，離開或遠離。

隴，靠隴或接近。

貼補，切近某處航行。

過船，船從該地經過。

拋船，船在該地拋錨停泊。

討，尋覓或購買。

對開，相對某方開航。

對頭來，對準船頭而來。

入門，進入某山口之水道。

出門，航出某山口之水道。

轉，轉換航向。

子細，小心注意。

緊，風力緊張。

戧風，風從橫邊來，謂之戧戧風。或利用橫邊來之風航駛。

帆鋪邊，存放帆蓬之一邊，意即左邊。

馬戶邊，或馬鋪邊，存放帆索之一邊，意即右邊。

平，船身正橫與某島相平。

收，收帆駛入某港。

貳、圖面閱讀標誌

鄭和海圖主要顯示航路沿線的關係位置，利用普通山水畫法，可視如山水地志，又可供船艦使用。對景物的象徵標誌，採原始之象形，部分如現代地圖閱讀的符號，如沙灘、橋樑、寶塔等。

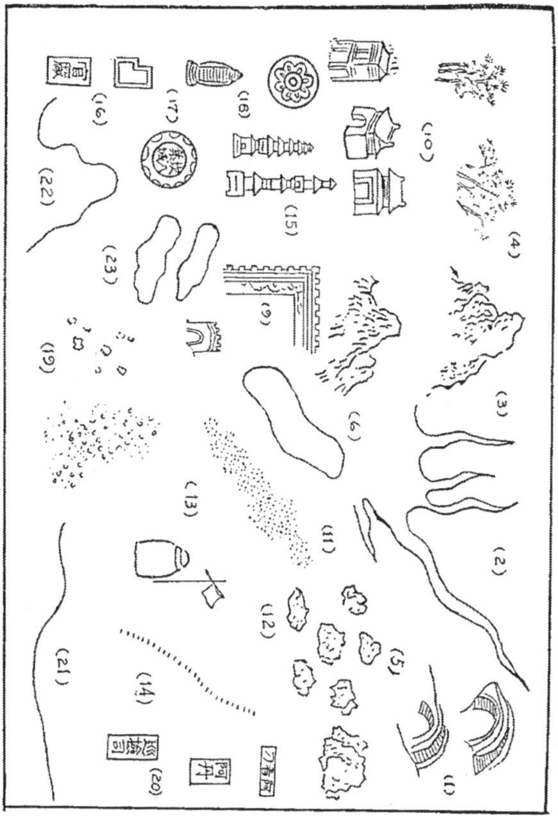

1 橋樑，圖中僅在國內部分有之。

2 河流，圖中所示者，僅在各國沿岸有之，與此類似者，如東京海灣、亞丁灣、及波斯灣等，其幾與河流相同，然皆由於航跡未到，描繪時圖形收縮使然也。

3 山岳，此等圖形皆在陸岸以內或在航行時可作顯明目標之用者。

4 樹木，凡名勝之區有之，如南京之鍾山及錫蘭佛寺等皆是。

5 島嶼，皆為航路附近之重要島嶼。

6 平洲，皆為航路附近之重要平洲。

7 城牆，僅國內部分有之。

8 重要建築物，如寺廟，關卡等。

9 城市框，地址確實之主要城市或國名。

10 無方框，次要或不明所在之地名。

11 沙灘，露出水面之沙灘。

12 巡司，明代之民兵守望哨及檢查哨。

13 危險區，礁石沙灘雜亂之區域。

14 航線，亦即帆船之航跡。

15寶塔，國內國外均有。
16官廠，官辦之船廠（包括修船造船及儲藏材料之廠庫等）。
17王城，王宮所在地。
18宗教，教主所在地。
19礁石，包括露出水面或暗伏水中者。
20巡檢司——所在地。
21海灣。
22池沼。

參、航路沿途地名（周鈺森加編號）

圖中佈滿象形標誌構成全圖外，尚有五百多個地名和航行針位及航行指南等。周鈺森將國內、南海和印度洋三部分加以編號，國內地名有二二八個，南海地名一八一個、印度洋一二一個。合計五二九個。

國內部分又可分南京至長江口、浙江省、福建省、廣東省，依次編號如下：

南京至長江口

皇城（一），鐘山（二），天地壇（三），方山（四），中和橋（五），水西橋（六），石城橋（七），五房橋（八），寶船廠（九），菜園（一〇），太子洲（一一），段腰（一二），獅子山（一三），天妃宮（一四），淨海寺（一五），龍江關（一六），抽分廠（一七），宣課司（一八），祭祀壇（一九），復成橋（二〇），水驛（二一），通江橋（二二），靈山橋（二三），石灰山（二四），觀音山（二五），觀音門（二六），燕子磯（二七），龍潭（二八），浦子口（二九），斬龍廟（三〇），礬山（三一），儀真（三二），天寧洲（三三），高子港（三四），鎮江（三五），丹徒（三六），金山（三七），焦山（三八），大港（三九），圌山（四〇），瓜洲（四一），江陰縣（四二），石牌灣（四三），香山（四四），淺沙（四五），東鞋山、西鞋山（四六），天妃宮（四七），石頭港（四八），巡司（四九），龍王廟（五〇），蔡港（五一），巡司（五二），白茅港（五三），福山廟（五四），太倉衛（五五），崇明洲（五六），淺沙（五七），胡椒沙（五八），鐵翎沙（五九）。

太倉劉河天妃宮至浙江省沿海

天妃宮（六〇），呉淞江（六一），招寶山（六二），南滙嘴（六三），茶山（六四），青村所（六五），金沙衛（六六），乍浦（六七），海寧衛（六八），大七山（六九），小七山（七〇），許山（七一），灘山（七二），觀海衛（七三），靈山衛（七四），定海衛（七五），小山（七六），青嶼（七七），尼山（七八），湯山（七九），昌國所（八〇），東霍山（八一），烈港（八二），西後門（八三），普陀山（八四），巡檢司（八五），大磨山（八六），郭巨所（八七），昌國千戶所（八八），大嵩千戶所（八九），双嶼門（九〇），孛渡（九一），東廚西廚（九二），大麵山（九三），亂礁洋（九四），東嶼（九五），昌國衛（九六），東門所（九七），魚山（九八），台州衛（九九），牡安千戶所（一〇〇），海門衛（一〇一），東門山（一〇二），壇頭山（一〇三），東西岳山（一〇四），羊琪山（一〇五），大陳山（一〇六），三母山（一〇七），黃礁山（一〇八），直谷（一〇九），松門衛（一一〇），石塘（一一一），狹山（一一二），大小六經（一一三），錢山（一一四），虎斗（一一五），喜鵲山（一一六），盤石衛（一一七），黃山（一一八），中界山（一一九），夜丫山（一二〇），瑞安（一二一），溫洲衛（一二二），東洛山（一二三），鹿屏山（一二四），平陽衛（一二五），鳳凰山（一二六），南已山（一二七），西礁（一二八），金鄉衛（一二九），南船礁（一三〇），虎礁（一三一），台山（一三二），壯士千戶所（一三三），礁（一三四），石帆（一三五），半洋礁（一三六），俞山（一三七），滿門千戶所（一三八），福寧衛（一三九），東萊、西萊（一四〇），芙蓉山（一四一），洪山（一四二）。

福建省沿海

芥菜礁（一四三），小西洋（一四四），筆架山（一四五），大金門（一四六），大金巡司（一四七），定海衛（一四八），東湧山（一四九），龜嶼（一五〇），北交（一五一），連江縣（一五二），定海所（一五三），五虎山（一五四），巡檢司（一五五），巡檢司（一五六），古山（一五七），天地（一五八），福建布政司（一五九），馬頭（一六〇），南臺橋（一六一），六平山（一六二），六平山（一六三），南山寺（一六四），長樂（一六五），梅花千戶所（一六六），官塘山（一六七），三礁（一六八），東沙（一六九），牛角山（一七〇），牛渚（一七一），東墻（一七二），草嶼（一七三），鎮東衛（一七四），南日山（一七五），興化府（一七六），烏印山（一七七），湄州宮（一七八），平海衛（一七九），崇武所（一八〇），泉州衛（一八一），巡檢司（一八二），永寧衛（一八三），深戶千戶所（一八四），金門千戶所（一八五），加禾千戶所（一八六），漳州（一八七），大武山（一八八），平湖嶼（一八九）。

廣東省到越南

大甘、小甘（一九〇），同山千戶所（一九一），南粵山（一九二），外平（一九三），大星尖（一九四），官富寨（一九五），蒲胎山（一九六），東姜山（一九七），翁鞋山（一九八），佛堂門（一九九），冷汀山（二〇〇），大奚山、小奚山（二〇一），東莞所（二〇二），南海衛（二〇三），廣東（二〇四），香山所（二〇五），九星（二〇六），南停山（二〇七），北尖（二〇八），鹿頸高蘭（二〇九），大金、小金（二一〇），廣海衛（二一一），上下川山（二一二），烏龍門（二一三），神電衛（二一四），高州（二一五），雷州（二一六），廉州（二一七），欽州（二一八），瓊州府（二一九），南海黎母大山（二二〇），福州（二二一），萬州（二二二），七洲（二二三），銅鼓山（二二四），獨珠山（二二五），萬里石塘（二二六），萬里石塘嶼（二二七），石塘（二二八），交阯界（二二九），交趾洋（二三〇），大靈胡山（二三一），玳瑁山（二三二），石牌蛟（二三三），外羅山（二三四）。

南海部分　越南沿海至馬來海峽

白沙灣（二三五），青嶼（二三六），笅杯山（二三七），棺墓山（二三八），洋嶼（二三九），新州港（二四〇），占城國（二四一），小灣（二四二），雞籠山（二四三），靈山（二四四），大灣（二四五），羅漢嶼（二四六），羅漢頭（二四七），赤坎（二四八），上臘港（二四九），覆鼎山（二五〇），占浦山（二五一），佛山（二五二），竹里木（二五三），八開港（二五四），占臘港（二五五），占臘國（二五六），玳瑁洲（二五七），白礁（二五八），檳榔洲（二五九），崑崙山（二六〇），小崑崙（二六一），真嶼（二六二），假嶼（二六三），竹嶼（二六四），大橫（二六五），小橫（二六六），象坎（二六七），奶門（二六八），小士蘭（二六九），大士蘭（二七〇），占賁港（二七一），角圓山（二七二），竹嶼（二七三），黎頭山（二七四），筆架山（二七五），犀角山（二七六），出蘇木（二七七），赤坎（二七八），馬鞍山（二七九），佛山（二八〇），石班洲（二八一），海門山（二八二），玳瑁嶼（二八三），眾不淺（二八四），孫姑那（二八五），貓鼠嶼（二八六），狼西加（二八七），昆下池港（二八八），昆下池（二八九），出降真（二九〇），烟墩嶼（二九一），西港（二九二），三角嶼（二九三），出降香（二九四），吉蘭丹港（二九五），石山（二九六），羊嶼（二九七），角員（二九八），吉貝嶼（二九九），丁加下路（三〇〇），斗嶼（三〇一），彭坑港（三〇二），石礁（三〇三），苧麻山（三〇四），東竹山西竹山（三〇五），將軍帽（三〇六），答那溪嶼（三〇七），官嶼（三〇八），馬鞍山（三〇九），白礁（三一〇），龍牙門（三一一），鰲魚嶼（三一二），琵撓嶼（三一三），牛屎礁（三一四），長腰嶼（三一五），涼傘嶼（三一六），沙糖淺（三一七），吉里門（三一八），平洲（三一九），昆宋嶼（三二〇），射箭山（三二一），滿剌加（三二二）。

越南靈山至婆羅洲及爪哇

東董（三二三），西董（三二四），東蛇籠（三二五），沙呉皮（三二六），銅鼓山（三二七），萬年嶼（三二八），十二子山（三二九），假里馬達（三三〇），交闌山（三三一），吉利悶（三三二），爪哇國（三三三），麻里東（三三四），石礁（三三五），麻剌哇嶼（三三六），沙淺出水（三三七），涼傘嶼（三三八），三麥嶼（三三九），南嶼（三四〇），竹嶼（三四一），免嶼（三四二），擔嶼（三四三），硫黃嶼（三四四），大小姨山（三四五），馬鞍山（三四六），吞魯把汪（三四七），攬邦港（三四八），狹門（三四九），椰子塘（三五〇），打金山（三五一），舊港（三五二），東港（三五三），西港（三五四），彭家山（三五五），官嶼（三五六），三佛嶼（三五七），占必港（三五八），舊港國（三五九），犀角山（三六〇），昆宋嶼（三六一），橫山（三六二），東吉嶼（三六三），甘巴門（三六四），甘巴港（三六五），赤角山（三六六），仁義礁（三六七），牛昆礁（三六八），鬼嶼（三六九），白沙（三七〇），沙糖礁（三七一），九嶼（三七二），双嶼（三七三），金嶼（三七四），沉礁（三七五），南傅山（三七六），龍牙加兒港（三七七），龍牙加兒山（三七八），涼傘嶼（三七九），班卒（三八〇），石城山（三八一），有人家（三八二），虎頭礁（三八三），有人家（三八四）。

印度洋　馬來海峽至錫蘭島

滿剌加官廠（三八五），假五嶼（三八六），綿花嶼（三八七），綿花淺（三八八），吉那大山（三八九），吉令港（三九〇），九洲山（三九一），陳公嶼（三九二），梹榔嶼（三九三），吉達港（三九四），龍牙交椅（三九五），古力由不洞（三九六），獨掛頭山（三九七），鷄骨嶼（三九八），双嶼（三九九），單嶼（四〇〇），亞路（四〇一），甘杯港（四〇二），巴碌頭（四〇三），急水灣（四〇四），蘇門答剌國（四〇五），蘇門答剌官廠（四〇六），大小花面（四〇七），屏風山（四〇八），白土（四〇九），南巫里（四一〇），帽山（四一一），龍延嶼（四一二），答那思里（四一三），答那思里嶼（四一四），北暹（四一五），打歪（四一六），打歪嶼（四一七），打歪山（四一八），竹牌礁（四一九），八都馬（四二〇），克迭迷（四二一），馬船碼（四二二），翠蘭嶼（四二三），金嶼（四二四），北平頭山（四二五），安得蠻山（四二六），馬旺山（四二七），大莫山（四二八），小莫山（四二九），落坑山（四三〇），落坑（四三一），龜頭山（四三二），赤土山（四三三），木客港（四三四），撤地港（四三五），九官人淺（四三六），榜葛剌國（四三七），辛剌高岸（四三八），波羅高岸（四三九），折的希灘（四四〇），烏里舍城（四四一），旁不八丹（四四二），烏里舍塔（四四三），骨八丹（四四四），夜思洞（四四五），加寗八丹（四四六），龍牙葛（四四七），俱王都利（四四八），沙里八丹（四四九），短知蠻（四五〇），買烈補（四五一），芝蘭（四五二），加異城（四五三），佛堂（四五四），錫蘭山（四五五），竹牌礁（四五六），千佛堂（四五七），別羅里（四五八），高郎務（四五九），禮金務（四六〇）。

錫蘭山至東非

官嶼（四六一），沙刺溜（四六二），華盖五指一角（四六三），巴龍溜（四六四），華盖五指二角（四六五），麻林地（四六六），葛荅幹（四六七），門肥赤（四六八），華盖七指（四六九），者即刺哈則刺（四七〇），華盖七指（四七一），慢八撒（四七二），起荅兒（四七三），華盖八指（四七四），木魯旺（四七五），卜刺哇（四七六），木骨都束（四七七），抹兒幹別（四七八），北辰二指一角（四七九），刺思那呵（四八〇），黑兒（四八一），三指一角（四八二），木兒立哈必兒（四八三），一角四指（四八四），哈甫泥（四八五），須多大嶼番名速古荅刺（四八六）。

錫蘭至阿拉伯海各國

甘巴里頭（四八七），第一赤泥（四八八），小葛蘭（四八九），柯枝國（四九○），三指角（四九一），古里國（四九二），四指（四九三），壬不知溜（四九四），起來兒（四九五），磨里溪溜（四九六），加平年溜（四九七），加加溜（四九八），安都里溜（四九九），番苔里納（五○○），哈哈迭微（五○一），四指一角（五○二），盆那碌（五○三），卜得法灘（五○四），歇立（五○五），四指（五○六），莽葛奴兒（五○七），五指（五○八），阿者刁（五○九），六指（五一○），纏打兀兒（五一一），六指二角（五一二），跛牙元（五一三），六指（五一四），跛牙元（五一五），七指（五一六），起兒來兒（五一七），馬哈音（五一八），九指（五一九），麻樓（五二○），十指（五二一），刁元（五二二），坎八葉城（五二三），雜葛得（五二四），十二指（五二五），新得（五二六），碟千里（五二七），千佛地番名撒昔靈（五二八），離坎八葉八日路（五二九），客實（五三○），十三指（五三一），木克郎（五三二），八思尼（五三三），克互答兒（五三四），克瓦答兒（五三五），杳實（五三六），苦思答兒（五三七），苦祿昧刺（五三八），阿丹（五三九），北辰五指（五四○），刺撒（五四一），失里兒（五四二），北辰六指（五四三），羅法（五四四），北辰七指（五四五），佐法兒（五四六），北辰八指（五四七），北辰九指（五四八），大灣（五四九），北辰九指二角（五五〇），迭微（五五一），古里牙（五五二），麻實吉（五五三），看北辰十二指（五五四），阿胡那（五五五），龜嶼（五五六），西東灾謨嶼（五五七），撒剌採嶼（五五八），忽魯謨斯（五五九），假忽魯謨斯（五六〇），剌兒可束（五六一）。

第七章　過洋牽星：古代導航

古代的大海航行導航方法，不外指南針原理和星象觀察，以確定船在大海的位置、方向和方位等。指南針是吾國四大發明之一，已用了幾千年。

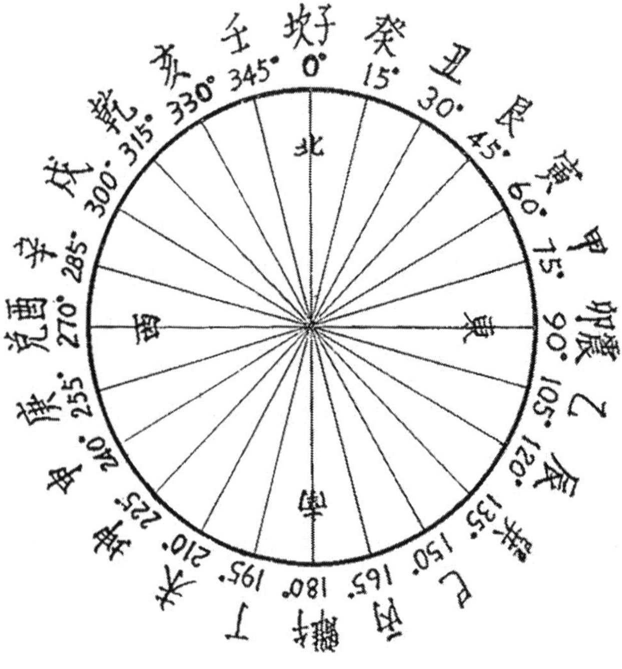

指南針方位盤

子	＝ 0°	卯	＝ 90°	午	＝ 180°	酉	＝ 270°
子癸	＝ 7.5°	乙卯	＝ 97.5°	丁午	＝ 187.5°	辛酉	＝ 277.5°
癸	＝ 15°	乙	＝ 105°	丁	＝ 195°	辛	＝ 285°
癸丑	＝ 22.5°	乙辰	＝ 112.5°	丁未	＝ 202.5°	辛戌	＝ 292.5°
丑	＝ 30°	辰	＝ 120°	未	＝ 210°	戌	＝ 300°
丑艮	＝ 37.5°	辰巽	＝ 127.5°	坤未	＝ 217.5°	乾戌	＝ 307.5°
艮	＝ 45°	巽	＝ 135°	坤	＝ 225°	乾	＝ 315°
艮寅	＝ 52.5°	巽巳	＝ 142.5°	坤申	＝ 232.5°	乾亥	＝ 322.5°
寅	＝ 60°	巳	＝ 150°	申	＝ 240°	亥	＝ 330°
寅甲	＝ 67.5°	丙巳	＝ 157.5°	庚申	＝ 247.5°	壬亥	＝ 337.5°
甲	＝ 75°	丙	＝ 165°	庚	＝ 255°	壬	＝ 345°
甲卯	＝ 82.5°	丙午	＝ 172.5°	庚酉	＝ 262.5°	壬子	＝ 352.5°

我國宋時航海事業最為發達，指南針之改良與應用於航海，皆有記載。然當時一般船舶所採用者究係何種型式，據宋宣和四年（一一二二）徐競競「使高麗錄」有云：「是夜洋中不可住，惟視星斗前邁，若晦冥則用指南浮針以揆南北」。則宋代船舶所應用者為指南浮針無疑。由於指南浮針為最早發明者，故亦久為一般船舶所採用，在另一記載中可以證明之，據明萬歷間（一五七三至一六一九），徐雲林「玉芝堂談薈」引明李豫亨「推蓬寤語」云：「世所用惟術家鍼盤，用水浮針，視其所指，以定南北。近年吳、越、閩、廣、歷遭倭變，倭船尾率用旱針盤，以辨海道，中國得其制，始多旱針盤」。是在明萬歷以前，我國所通用者確係水浮型指南針，航海船舶亦採用此型。而倭船則採用旱針。

指南針之應用，除磁針本身外，尚須附一方位盤，此種裝置，我國久已有之，即以古天皇氏所創之天干地支及周文王之八卦方位配合成為二十四向。十二地支即子、丑、寅、卯、辰、巳、午、未、申、酉、戌、亥、平均一圓周為十二等分，而以此十二字為方位名稱，（亦以此等名太陽繞地一週之時刻），太陽在正南時為午，反之為子，其餘各向右旋，依次為名。

又在十二支之間再等分之，則以十干及八卦之名填入，十干即甲、乙、丙、丁、戌、己、庚、辛、壬、癸；先將甲乙二字填入卯位之左右兩向為名，以取東方甲乙木之意。再將丙丁二字填入午位之左右兩向為名，以取南方丙丁火之意，又將庚辛二字填入酉位之左右兩位為名，以取西方庚辛金之意，又將壬癸二字填入子位之左右兩向為名，以取北方壬癸水之意。

戌己二字，因係中央戌己土，對方位無用，故廢除。最後尚有西北、東北、東南、西南等向則以文王八卦方位，乾、坎、艮、震、巽、離、坤、兌、為名。其圖式如前

而星象定位導航，在鄭和航海全圖的最後四幅「過洋牽星圖」，就是鄭和艦隊在大海洋中的星象導航圖。所依賴的星座主要有織女星、布司星、水平星、北斗星、華蓋星、燈籠骨星、南門雙星等。

由於古今中外對星座命名都不一樣，除非專家，否則一般讀者不易理解。筆者經查「古哥」，南門雙星是半人馬座，燈籠骨星是南十字座，北布司星是雙子座，南布司星是小犬座。但網路東西對研究者而言，仍有幾分持疑。因此，若要深入了解，可

參考以下文獻：

張江齊、陳現軍，《鄭和牽星圖導航技術研究》，國家基礎地理信息中心。
劉南威、李遠、李啟斌，《記載鄭和下西洋使用牽星術的海圖》，華南師範大學地理科學院、北京天文台。
廣東省博物館，《牽星過洋：明朝航海指南（二）》。
徐勝一、陳有志、孫兆中，《再談「過洋牽星圖」北辰星及織女星的天文導航》，《中華科技史學會學刊》第24期（二〇一九年十二月）。
歐陽亮，《用星星做成的傘「華蓋」與鄭和航海圖》。

鄭和航海全圖末之四幅「過洋牽星圖」，如何解讀？按周鈺森《鄭和航路考》一書，有所論述，以現代語言簡介如後。

壹、「指過洋」牽星圖

這張牽星圖，右邊有一段文字：「指過洋，看北辰星十一指，燈籠骨星四指半，看東邊織女星七指為母，看西南布司星九指，看西北布司星十一指。丁得把昔開到忽魯謨斯，看北辰星十四指。」

這段文字開頭似有缺。「指」的意義，凡有當過兵受過單兵野外教練的人都知道，用自己手指測量目標大小遠近。此處說是古代阿拉伯的天體高度單位，大致也相通。燈籠骨星是南十字星，織女星古今同名。但周鈺森說「布司星應即 **perseu** 星之音譯」，**perseu** 可能是英仙座（也叫北天星座）。

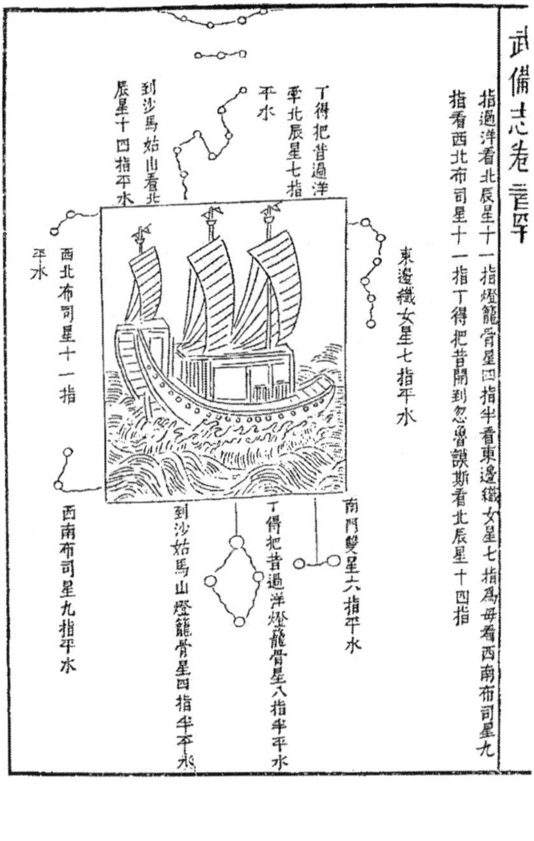

「丁得把昔」是開航地，到目的地忽魯謨斯時，所觀測的北辰星，高度為十四指。牽星圖為四方形，代表一水平方框，分南、北、東、西四方向，每邊外方之星座位置，代表航行時所觀測到某星高度和方位。

北邊正中之星座，旁註說：「丁得把昔過洋，牽北辰星七指平水」。從丁得把昔放洋出港，其地在北辰星離開水平面七指高度的位置。原註又說：「到沙姑馬山，看北辰星十四指平水」，即到沙姑馬山時，在北辰星離水平面十四指高度之位置。其意義在言從放洋到目的地期間本星座日漸升高，高度從七指到十四指。

本圖之下邊（南）有兩個星座，正中旁註「丁得把昔過洋，燈籠骨星八指半平水」，又註「到沙姑馬山，燈籠骨星四指半平水」，右側星座註「南門雙星六指半平水」。這和北方的北辰星正好相反，在同一航線內，若航向偏入北方，因船位北移，南邊所見星位就會日漸降低。所以燈籠骨星在啟航地丁得把昔時，高度是離水平線八指，到沙姑馬山時，高度降至離水平線四指半。至於南門雙星，出發時為六指半，到目的地已不能見。

本圖之右邊（東）有一星座，旁註「東邊織女星七指平水」。本圖之左邊（西）有二星座，偏北一座註「西北布司星十一指平水」，偏南一座註「西南布司星九指平水」。這裡東、西二星座，高度終年不同，此處並未註明出發和到達地，僅指示高度方位，足見航程不長，所以東西兩方星位不變。

貳、錫蘭山回蘇門答剌過洋牽星圖

本圖右側有文字說明，「時月回南巫里洋，牽華蓋八指，北辰星一指，燈籠骨星十四指半，南門雙星十五指，西北布司星四指為母，東北織女星十一指平兒山」。南巫里洋，即蘇門答剌島北端附近洋名，所列諸星之高度和方位都保持不變，即可從錫蘭島東航直達蘇門答剌島北端的兒山。這「兒」是「貌」字省略，貌山即帽山（見航路地名編號四一〇、四一一）。

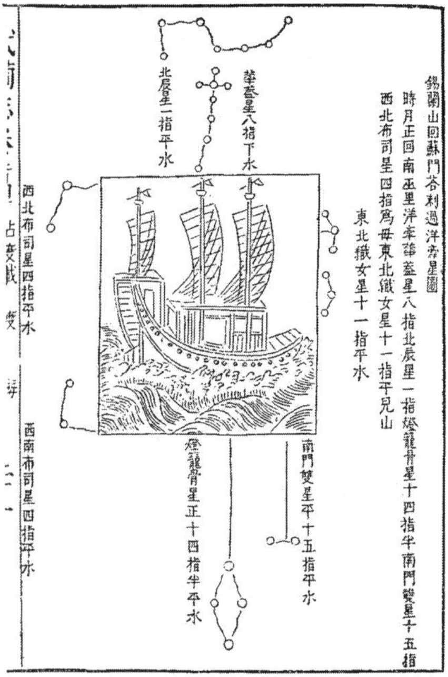

由此推知，此種航法，僅依賴天體之高度和方位，航行者只要每晚同一時間，觀測上列諸星，是否保持不變，即可確定船位是否在航線內？否則就要修正。

參、龍涎嶼往錫蘭山過洋牽星圖

本圖右側文字說明：「看東西南北高低遠近四面星收錫蘭山」；又註：「時月往忽魯，別羅里開洋，牽北斗雙星三指，西南邊水平星五指一角，正路看東南邊燈籠骨星下雙星七指，正路看西邊七星五指半平」。

前者「看……錫蘭山」句，語意不明，看四面星未註星名和高度。後註忽魯是忽魯謨斯，波斯灣口之 orm-us 島；別羅里是錫蘭島的 panary，若為

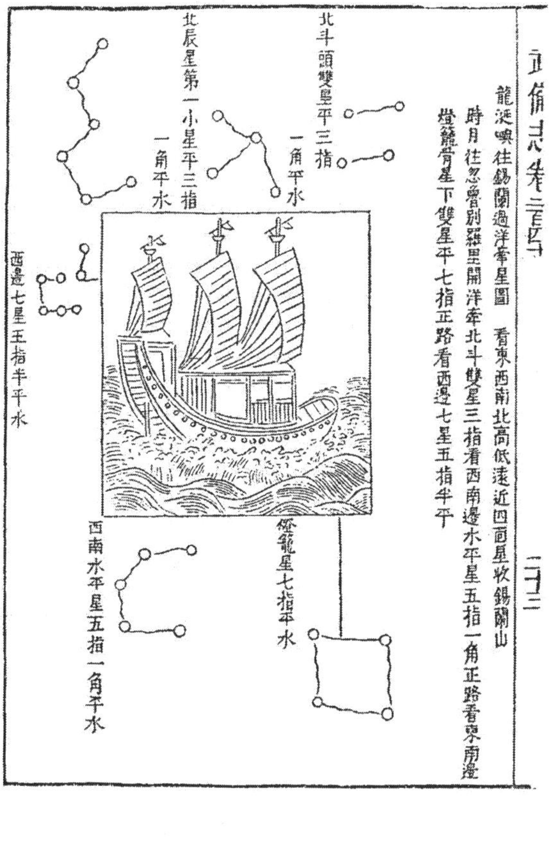

別羅里開往忽魯謨斯，則和題意不合。而所列諸星位置，並無出發地和到達地之不同，可見航行方向與緯線平行，情況類似前圖。

再者，出發港為錫蘭山之別羅里，其正西面對之海岸，為非洲北角，正東面對之海岸，為蘇門答剌北端或馬來西亞之西北角。若為後者，則和前圖重覆，故以別羅里到非洲東北角一線為較正確。

本圖之星位，可用於龍涎嶼到錫蘭航線，也可用在錫蘭到非洲東北角航線，其緯度與第二圖相似（看貳圖）；所不同的，第二圖是向東航行，本圖向西航行，往返季節不同，所以星位有變。

此一向西航線，並須由非洲東北角繼續沿阿拉伯海北航，方可到達忽魯謨斯（即波斯灣口之 Hormuz 或作 Ormus，為一大海港，當時為一大國）。

肆、忽魯謨斯回古里國過洋牽星圖

本圖名是「忽魯謨斯回古里國過洋牽星圖」，其圖右註云：「忽魯謨斯回沙姑馬開洋，看北辰星十一指，看東邊織女星七指為母，看西南布司星八指。平丁得把昔，看北辰星七指，看東邊織女星七指為母，看西北布司星八指」。

此處說明由忽魯謨斯回南印度之古里國航線，沙姑馬是放洋地點，星位和第一圖（看壹項）相近，到丁得把昔時，星位已在沙姑馬山稍南地區。這段航線的星位，似即第一圖前註之缺文，故一、四兩圖星位雖相同，航行方位則相反，且在同一季節。

由此推知，鄭和每次向西航行，從南印度到波斯灣口之航線，可在同一季節往返。本圖上方（北）正中之星座，其旁註「沙姑馬山開洋，看北辰星十一指平水；又註云：「丁得把昔過洋，看北辰星七指平水」；其左又註：「北辰星十一指平水」（此句似重覆了）。

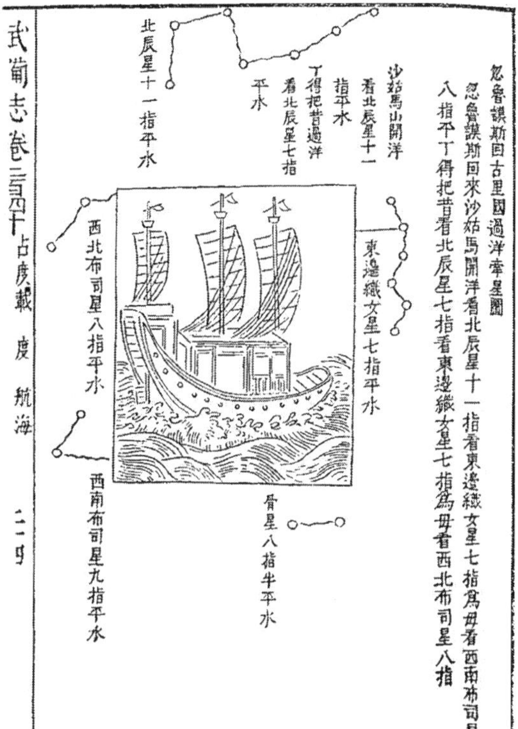

本圖下方（南）偏東星座註云：「骨星八指半平水」，骨星是燈籠骨星之省稱，與第一圖燈籠骨星位置正好相同。

本圖右側（東）偏北一星座，註云：「東邊織女星七指平水」；圖之西有二星座，偏北一座註「西北布司星八指平水」，偏南一座註「西南布司星九指平水」，皆和第一圖同。

本章的四幅「過洋牽星圖」，附於鄭和航海全圖之後，應用於四種不同航線。但鄭和航海主要定向工具還是指南針，「牽星」僅作補助，指南針早在黃帝時代就是中國人的定向工具，很早傳入歐洲。所以這兩種航海技術，應該是很早就成為全人類的共同文明文化財。畢竟，人類尚未進入太空時代前，只有這兩種方法才是最安全可靠的定向工具。

第三篇　國內航路簡介與餘韻

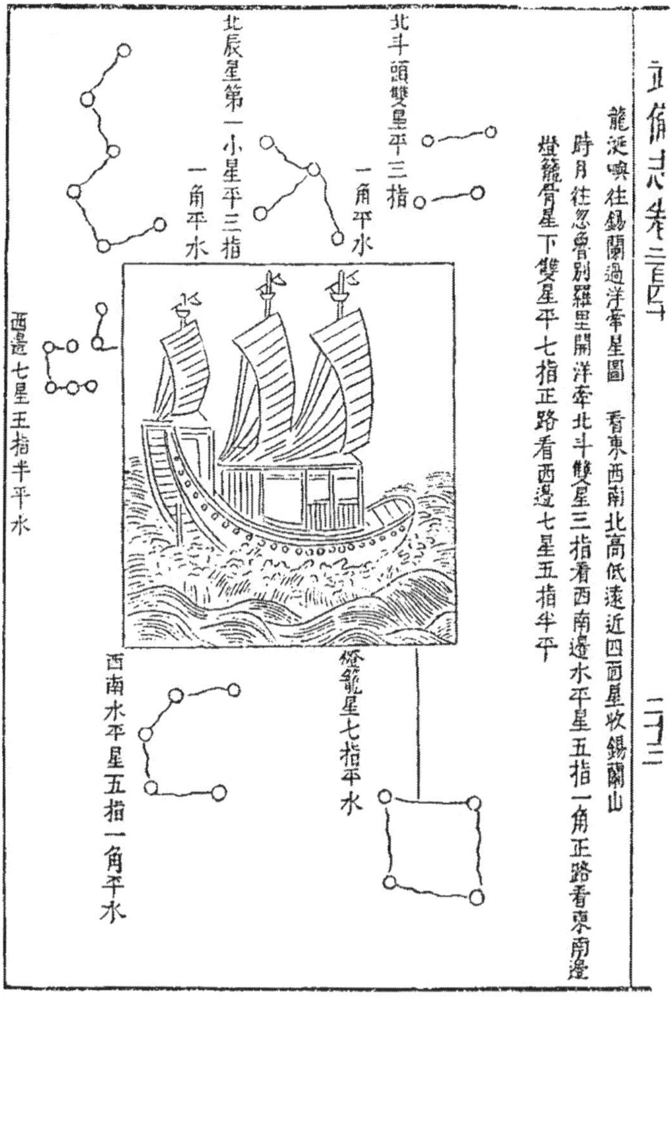

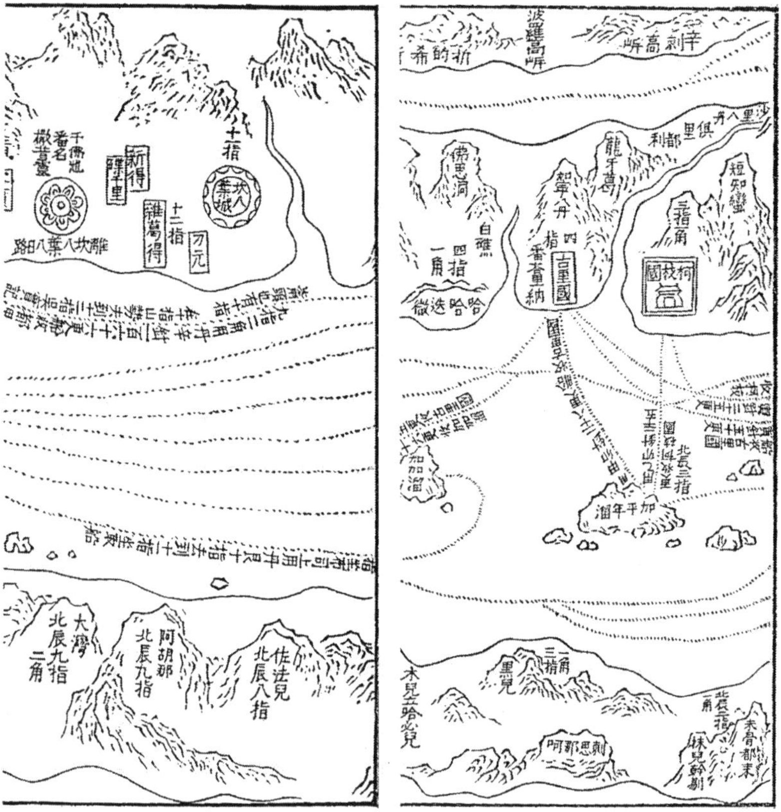

第八章 鄭和之國內部分航路簡述

在周鈺森著《鄭和航路考》一書，其第七章〈鄭和之國內部分航路〉，是將國內所有經過的地點（地名，含自然和人所構建物），加以深入考證。大約引述了歷代有記載的文獻資料，如地方誌等。

該書對地名、人造物等考證甚為詳盡，光是這些考證幾佔全書一半。該書共二百五十頁，從一百四十三頁之後全是考證資料，編錄者只能轉抄部分，並提示所有經過的地名。

壹、南京至長江口

皇城、鐘山、天地壇、方山、中和橋、水西橋、石城橋、五屙橋、寶船廠、菜園、太子洲、段腰、獅子山、天妃宮、淨海寺、龍江關、抽分廠、宜課司、祭祀壇、復成橋、水驛、通江橋、靈山橋、石灰山、觀音山、觀音門、燕子磯、龍潭、浦子口、斬龍廟、礬山、儀真、天寧州、高子港。

鎮江、丹徒、金山、焦山、大港、圌山、瓜洲、江陰縣、石牌灣、香山、淺沙、東韭山、天妃宮、石頭港、巡司、龍王廟、蔡港、巡司、白茅港、福山廟、太倉衛、崇明州、淺沙、胡椒沙、鐵翎沙。

「寶船廠」無疑是最有代表性地方，鄭和所有船艦多數都在這裡建造。曾經親自主持過龍江船廠的李昭祥，他所著《龍江船廠志》，共八卷，明嘉靖三十二年（一五五三年）成書。李昭祥，字元韶，上海人，嘉靖二十六年（一五四七年）進士，嘉靖三十年（一五五一年）升工部主事，駐龍江船廠，專理船政。

李昭祥的《龍江船廠志》（原書藏北京大學圖書館、有重出新版），為研究鄭和船艦重要史料，周鈺森亦引用該書。《龍江船廠志》云：

明李照祥龍江船廠志：「洪武初，即都城西北隅空地開廠造船，其地東抵城壕，西抵秦淮河軍民塘地，西北抵儀鳳門第一廂民住官廓房基地（濶一百三十八丈），南抵留守右衛營基地，北抵南京兵部苜蓿地及彭城伯張口田（深三百五十四丈），後因承平日久，船數遞革，廠內空地，暫召軍民佃種，止留南北水次各一區，以便工作，畎澮中界，而廠遂分為前後矣。二廠各有溪口，達之龍江，限以石閘板橋以時啟閉。東南隅舊有短垣，西北沮洳艱版備」云。

龍江船廠內部情形，按該書所述，分員工編組和廠區建物規模。分述如下。

龍江船廠員工組成

一、郎中（正五品），郎中雖非船廠設，然船務無巨細，必關白之，但事藉莫稽，雖姓名僅存，率多闕略，不無待於博雅云。

洪武時（一三六八—一三九九）張□，王溥，薛□，杜永中，劉彬。

永樂時（一四〇三—一四二四），向善，易華，周□，張思忠。

宣德時（一四三五），李源。

景泰時（一四五〇—一四五六），王□。

二、龍工提舉司提舉一員（正八品），副提舉二員（正九品），典史一員，然自嘉靖九年（一五三一）副提舉張秀之後，亦不後選，止存提舉一員而已。其在弘治（一四八九）以前者，不惟事藉莫詳，雖姓名亦莫可考。

三、幫工指揮，千戶百戶各一員，五年一次，兵部考選廉勤者充之。

四、廂長四十名，洪武永樂時起取浙江，江西，福建，湖廣，南直隸濱海居民四百餘戶，來京造船，隸提舉司，編為四廂。一廂出船木。梭櫓索匠，二廂出船木鐵纜匠，三廂出艌匠，四廂出棕篷匠。分十甲，甲有長，擇其丁力之優者充之，歷年既遠，匠戶皆失其故業，且消長不齊，嘉靖二十年（一五四二）存者二百四十戶。

五、作頭四十五名，匠戶中擇其丁力有餘，行之端慤者充之，所以統率各匠，督其役而考其成也。

六、內官監匠三十八名，先年該監因造大供器皿，移文本部取撥造船匠充役，工完發回，後因工作增多，倍數添取，遂為定例，及遇工完，止將添取者發回，而原數三十八名，即轄內府，每月輸錢，不可復蠲。

七、御馬監匠四名，洪武中移文取撥船匠，油匠，馬槽，料桶。

八、丁字庫匠，永樂中移文取撥船匠，油艌，板櫃，裝盛各處市舶司所進魚油。

九、寶船廠匠二名，洪武永樂中造船入海取寶船，該廠有庫，庫故取撥匠丁赴廠看守，今廠庫鞠為茂草，而匠丁之輸錢者如故。

十、酒醋麵局匠三名，洪熙元年（一四二五），該局奏准行取艌匠酒榨飯槽等器。

十一、看料匠丁二十名，本廠物料叢聚，無牆垣之限，舊規本部撥班匠二名，並四廂空丁輪流看守，遇晚，附近地方撥人巡儆。

十二、更夫十五名，係定淮門，儀鳳門，車船壩，晏公庙，四輔居民輪流巡儆。

十三、橋夫二名，前後廠溪口二處，皆有板橋，每處僉左右各一家，以司啟閉，幾出入。

十四、脚頭一名，商舖輸木於廠，雇募附近居民擯抬，往往掯索工價，隨時低昂，乃僉二人為首而平其值，使統理而統率之。

十五、船戶無定數，四廂恒產，率以駕船為業，舊規有船者隨其大小報告分司置籍記之，以聽本部之差，則衙民不得擅撥。

十六、佃戶無定數，即提舉司歲徵油麻人戶，每遇本廠起船，出船，車水，作壩等務，暫拘幫役，事已即散，不得數抬久壩，以妨農業。

十七、上作頭十六名，本部分所局數轄，不屬提舉司，故稱上以別之，每遇預備等船興工，提舉司作頭所不能辦者，則暫撥管理，搭罩，篷作三名，旗作，油畫作，鼓作，銅作，絛作，鑄作，蝌殼作，穿椅作，貼金作，纓作，旋作，各一名，箍桶作二名。

龍江船廠建物規模

一、幫工指揮廳，坐廠東北隅，西廂前後各三間，左右廂房。

二、篷廠，坐分司之北，先年打造海船風篷之所，內有房十連，計六十間，收貯船料，今俱廢，惟牆垣僅存，拆船舊板，收積其中，既無茅茨，日就腐爛，是房之建殆廠務之不容易者云。

三、細木作房六間，在分司西南。

四、油漆作房四間，在分司西北。舊房與分司同災，三十一年重建。

五、艙作房三間，在提舉司北。

六、鐵作房四間，在提舉司西北路外。

七、篷作房。

八、索作房。

九、攢作房，以上俱廢。

十、看料鋪舍一所，在後廠路口。

以上雖係後人所志，然龍江船廠在永樂宣德間改作寶船廠之情況可以略知大概。又首都志卷五水道：「三叉河，其南曰寶船灘，即明太監鄭和造船所也」。我國海軍海道測量局出版之長江水道圖，在南京下關三汊河右岸亦有寶船灘之名，民國三十六年余曾往三汊河左岸尋訪，得當地父老指點有上寶船灘及下寶船灘，即廠志所云前廠後廠之位置，惟該地大部分已成菜園，農墾時往往自深處挖出舊船木料，即寶船廠遺址。

貳、太倉劉河天妃宮至浙江省沿海

天妃宮、吳淞江、招寶山、南滙嘴、茶山、青春所、金沙衛、乍浦、海寧衛、大七山、小七山、許山、灘山、觀海衛、靈山衛、定海衛、小山、青嶼、尼山、湯山、昌國所、東霍山、烈港、西後門、普陀山、巡檢司、大磨山、郭巨所、昌國千戶所、大嵩千戶所、雙嶼門、孛渡、東廚西廚、大麪山、砙礁洋，

東嶼、昌國衛、東門所、魚山、台州衛、牡安千戶所、海門衛、東門山、壇頭山、東西岳山、羊琪山、大陳山、三母山、黃礁山、直谷、松門衛、石塘、狹山、夜丫山、

瑞安、溫州衛、東洛山、鹿屏山、平陽衛、鳳凰山、南己山、西礁、金鄉衛、南船礁、虎礁、台山、礁、石帆、半洋礁、俞山、滿門千戶所、福寧衛、東桑西桑、芙蓉山、洪山。

看這幅「自太倉至大陳山」圖，筆者突有所感慨，蓋因才寫完「一九五五年國軍部隊大陳島撤退」的書，原來明代就叫「大陳」，嘉靖時官軍敗倭於此，民國時解放軍敗國軍亦於此。

天妃宮記事史略

讀史方與紀要卷二十四太倉州：「劉河在城南，自崑山流入境，又東南七十里為劉河口，即古婁江入海之口，自此抵崇明百二十四里為海濱要害。元人海運繇此入海，泰定初周文英言水利，首請濬劉家河以達吳淞江下流，至正十四年方國珍以海舟來犯入劉家港，董博霄敗却之，明初亦嘗繇此粟漕泛海抵北平遼東，永樂初夏原吉議濬劉河以分太湖壅水，既又遣中使鄭和出劉河使海外諸國，宏治四年侍即徐貫開濬婁江，自州城南至嘉定外罔，長十八里，其後屢經濬治，嘉靖中倭寇屢繇劉家河突犯，南略嘉定，北擾太倉，所至塗炭，劉河益為汛守重地，河口有天妃宮，初為鎮海衛兵戍守，今設把守官軍營。」

張寅太倉州志劉河天妃宮通番事蹟石刻文：

「勅封護國庇民妙靈昭應弘仁普濟天妃之神，威靈布於鉅海，功德著於太常，尚矣。和等自永樂初奉使諸番，今經七次，每統領官兵數萬人，海船百餘艘，自太倉開洋，由占城國，暹羅國，爪哇國，柯枝國，古里國，抵於西域忽魯謨斯等三十餘國，涉滄溟十萬餘里，觀夫鯨波接天，浩浩無涯，或煙霧之溟濛，或風浪之崔嵬，海洋之狀，變態無時，而我之雲帆高張，晝夜星馳，非仗神功，曷能康濟，直有險阻，一稱神號，感應如響，即有神燈燭於帆檣，靈光一臨，則變險為夷，舟師恬然，咸保無虞，此神功之大概也，及臨外邦，其蠻王之梗化不恭者，生擒之，寇兵之肆暴掠者，殄滅之，海道由是而清寧，番人賴以安業，皆神之助也。

神之功績，昔尚奏於朝庭，宮於南京龍江之上，永傳祀事，欽承御製記文，以彰靈貺，褒美至矣，然神之靈，無往不在，若劉家港之行宮，創造有年，每至於斯，即為葺理，宣德五年冬復奉使諸番國，艤舟祠下，官軍人等，瞻禮勤誠，祀亨絡繹，神之殿堂，益加修飾，弘勝舊觀，復重建岨山小姐之神，祠於宮之後殿堂神像，粲然一新，官校軍民，咸樂趨事，自由不容已者，非神之功德，感於人心而致乎，是用勤文於石，並記諸番往回之歲月，昭示永久焉，

永樂三年統領舟師往古里等國，時海寇陳祖義聚眾於之三佛齊國，抄掠番商，生擒厥魁，至五年回還。永樂五年統領舟師往爪哇，古里，柯枝，暹羅等國，其國王各

以方物，珍禽獸貢獻，至永樂七年回還。

永樂七年統領舟師前往各國，道經錫蘭山國，其王亞烈若奈兒負固不恭，謀害舟師，賴神靈顯應知覺。遂生擒其王，至九年歸獻，尋蒙恩宥，俾復歸國。

永樂十二年統領舟師往忽魯謨斯等國，其蘇門荅剌國偽王蘇幹剌寇侵本國，其王遣使赴闕陳訴，請教，就率官兵剿捕，神功默佑，遂生擒偽王，至十三歸獻，是年滿剌加國王親率妻子朝貢。

永樂十五年統領舟師往西域，其忽魯謨斯國進獅子金錢豹西馬，阿丹國進麒麟番名祖刺法，並長角馬哈獸，木骨都束國進花福鹿並獅子，卜剌哇國進千里駝駱並駝雞，瓜哇國，古里國，進糜黑羔獸，各進方物，皆古所未聞者，及遣王男王弟，捧金葉表文朝貢。

永樂十九年統領舟師遣忽魯謨斯等各國使臣久侍京師者悉還本國，其各國王貢獻方物視前益加。

宣德五年仍往諸番開詔，舟師泊於祠下，思昔數次，皆仗神明護助之功，於是勒文於石。

明宣德六年歲次辛亥春朔，正使太監鄭和王景弘，副使太監朱良周滿洪保楊真，左少太監張達等立」。

參、福建省沿海

芥菜礁、小西洋、筆架山、大金門、大金巡司、定海衛、東湧山、龜嶼、北交、連江衛、定海所、五虎山、巡檢司、巡檢司、古山、天地、福建布政司、馬頭、南台橋、六平山、六平山、南山寺、長樂、梅花千戶所、官塘山、三礁，

東沙、牛角山、牛渚、東牆、草嶼、鎮東衛、南日山、興化府、烏丘山、湄洲宮、平海衛、崇武所、泉州衛、巡檢司、永寧衛、深戶巡檢司、金門千戶所、加禾千戶所、漳州、大武山、平湖嶼。

天妃靈應記事

皇明混一海宇，超三代而軼漢唐，際天極地，罔不臣妾，其西域之西，迤北之國，固遠矣，而程途可計，若海外諸番，實為遐壤，皆奉琛執贄，重譯來朝，皇上嘉其忠誠命和等統率官校旗軍數萬人，乘巨舶百餘艘，齎幣往賚之，所以宣德化而柔遠人也，自永樂三年奉使西洋，迨今七次，所歷番國，由占城國，爪哇國、三佛齊國，暹羅國，

直踰南天竺錫蘭國，古里國，柯枝國，抵於西域忽魯謨斯國，阿丹國，本骨都束國，大小凡三十餘國，涉滄溟十萬餘里，觀夫海洋，洪濤接天，巨浪如山，視諸夷域，隔於煙霧縹緲之間，而我之雲帆高張，晝夜星馳，涉彼狂瀾，若履通衢者，誠荷朝庭威福之致，尤賴天妃之神護佑之德也。神之靈固嘗著於昔時，而盛顯於當代，溟渤之間，或遇風濤，即有神燈燭於帆檣，靈光一臨，則變險為夷，雖在巔連，亦保無虞，及臨外邦，蕃王之不恭者生擒之，蠻寇之侵略者勦滅之，由是海道清寧，番人仰賴者，皆神之賜也。

神之感應，未易殫舉，昔嘗奏於朝庭，紀德太常，建宮於南京龍江之上，永垂祀典，欽蒙御製記文，以彰靈貺，褒美至矣。然神之靈，無往而不在，若長樂南山之行宮，余由舟師屢駐於斯，伺風開洋，乃於永樂十年奏建，以為官軍祈報之所，既嚴且整，右有南山塔寺，歷歲久深，荒涼頹圮，每就修葺，數載之間，殿堂禪室，弘勝舊觀，今年春，仍往諸番，艤舟茲港，復修佛宇神宮，並加華美，而又發心施財，鼎建三清寶殿一所於宮之左，彫妝聖像，粲然一新，鍾鼓供儀，靡不俱備，僉謂如是庶足以盡恭事天地神明之心，眾願如斯，咸樂趨事，殿廡宏麗，不日成之，畫棟連雲，如翬如翼，且有青松翠竹，掩映左右，神安人悅，誠勝境也，斯土斯民，豈不咸臻福利哉，人能竭忠以事君，則事無不力，盡誠以事神，則禱無不應，和等上荷聖君寵命之隆，下致遠夷敬信之厚，統舟師之眾，掌錢帛之多，夙夜拳拳，唯恐弗逮，敢不竭忠於國事，盡誠於神明乎，師旅之安寧，往迴之康濟者，烏可不知所自乎，是用著神之德於石，併諸番往廻之歲月，以貽永久焉。

一永樂三年統領舟師至古里等國，海寇陳祖義聚眾三佛齊國，劫掠番商，亦來犯我舟師，即有神兵陰助，一鼓而殄滅之，至五年迴。

一永樂五年統領舟師往爪哇古里柯枝暹羅等國，番王各以珍寶珍禽異獸貢獻，至七年迴還。

一永樂七年統領舟師往前各國，道經錫蘭山國，其王亞烈苦奈兒，負固不恭，謀害舟師，賴神明顯應知覺，遂生擒其王，至九年歸獻，尋蒙恩宥，俾歸本國。

一永樂十一年統領舟師往忽魯謨斯等國，其蘇門答剌國有偽王蘇幹剌，寇侵本國，其王宰奴里阿比丁，遣使赴闕陳訴，就率官軍勦捕，賴神明默助，生擒偽王，至十三年廻獻，是年滿剌加國王親率妻子朝貢。

一永樂十五年統領舟師往西域，其忽魯謨斯國進獅子金錢豹大西馬，阿丹國進麒麟，番名祖剌法，并長角馬哈獸，木骨都束國進花福鹿并獅子，卜剌哇國進千里駱駝幷駝鷄，爪哇古里國進糜黑羔獸，若乃藏山隱海之靈物，沉沙棲陸之偉寶，莫不爭先呈獻，或遣王男，或遣王叔王弟，齎捧金葉表文朝貢。

一永樂十九年統領舟師遣忽魯謨斯等國使臣久侍京師者悉還本國，其各國王益修職貢，視前有加。

一宣德六年仍統領舟師往諸番國開讀賞賜，駐泊茲港，等候朔風開洋，思昔數次皆仗神明助祐之力如是，勒記於右。

宣德六年歲次辛亥仲冬吉日，正使太監鄭和王景弘，副使太監李興朱良周滿洪保揚真張達吳忠，都指揮朱真王衡等立，正一住持揚一初稽首請立石。

肆、廣東省至越南

小甘小甘、同山千戶所、南粵山、外平、大星尖、官富寨、東姜山、翁鞋山、佛堂門、冷汀山、大奚山小奚山、東莞所、南海衛、廣東、香山所、九星、南停山、北尖、鹿勁高蘭、大金小金，

廣海衛、上下川山、烏猪門、神電衛、高州、雷州、廉州、欽州、瓊州府、南海黎母大山、福州、萬州、七洲、銅鼓山、獨珠山、石星石塘、石塘、交阯界、交趾洋、

大靈胡山、玳瑁山、石牌蛟、外羅山。

東莞所記事

晉置寶安縣，唐改曰東莞，故城在今廣東寶安縣東，宋省入增城，尋復置有東莞鹽場，蓋改置縣於北境，以故址置場，明復分東莞，置東莞守禦千戶所，築城於縣南之十都海濱，一名南頭城，後改置新安縣，屬廣東廣州府，即今縣治，清省，尋復置，仍屬廣州府。民國改為寶安縣，在南頭城北。

讀史方輿紀要卷一百一廣東：

「東莞守禦千戶所在縣南，東莞縣舊城內。洪武二十七年置，有磚城周三里有奇，環城為池，一名南頭城。」

廣東名勝志：「紀事云，東莞南頭城古之屯門鎮，乃中路也。」其附近屯門山即杯渡山，明一統志曰：「杯渡山在東莞縣南一百九十里，上有滴水巖，一名屯門山，唐韓愈詩，屯門雖云高，亦應波浪沒，即此。」唐書地理志：「廣州東南海行二百里至屯門山。」嶺外代答卷三航海外夷條，「其欲至廣者入自一門。」同書卷三十沿海衛所戰船條：「中路東莞縣南頭屯門等澳。」清代地圖載南頭沿岸接九龍有屯門屯地，又有澳，應即為籌海圖篇所載之屯門澳。」

南海衛記事

籌海圖篇沿海圖，南海衛在東莞縣城內，即今東莞縣治。其地秦置番禺縣，隨改南海縣，明清與番禺並為廣州府治，廣東省亦治此，民國初廢府治，移南海縣於佛山鎮。

讀史方輿紀要卷一百一廣東：

「南海衛在東莞縣治南，洪武十四年建。」

廣東記事

禹貢，荊揚二州之南裔。周為藩服，戰國時為百越。亦曰揚越，秦時號陸梁地，始皇取其地，置南海郡，漢初為南越國，平其地，置南海，蒼梧，合浦，珠崖，儋耳等郡，後省珠崖，儋耳郡。後漢建安中，徒交州治南海郡。三國吳分交州置廣州，晉仍為廣州及荊湘交三州地。南朝宋，初亦為廣州，後分交廣二州置衡州，又分置成州，合州，建州，東陽州，自後州郡滋多。陳因之，隨置廣循二州，又改置為南海，龍州，義安，高涼，信安，永熙，蒼梧，合浦，珠崖，寧越，熙平等郡，唐設諸郡為州，置嶺南道，又改諸州為郡，分為嶺南東道。五代為南漢，宋置廣南東路，又分屬廣南西路，元置海北海南道肅政廉訪司，隸湖廣行中書省分嶺諸路，明置廣東布政使，清為廣東省，民國因之，治廣州市。

補吳淞江記事

讀史方輿紀要卷二十四蘇州府嘉定：「吳淞江，縣南三十六里。志云，吳淞江過殿山湖，經崑山夏家浦，東抵縣界至顧浦，又東過黃渡，又東過東過江灣，又東北抵吳淞所入海。自昔三江之中淞江最大，上承太湖，直流往海，湍悍清駛，不得停滯，故三吳小水患，自吳江築長堤，上流既緩，下流漸塞。宋元以來，屢議修濬，明永樂二年夏原吉奉命治水，謂吳淞江自夏駕浦以下皆為潮沙所彰塞，因鑿夏駕浦，掣吳淞江水北達婁江，復桃顧浦南引江水入海，復濬上海縣范家濱掣江水南達黃浦入海，而故道直流百里之江，遂棄而不治。」又：「吳淞江守禦千戶所，在嘉定縣東南四十里吳淞江北岸。洪武十九年建，屬太倉衛，統百戶所十，有土城，周一千一百六十餘丈，自是相繼增築，開四門環壕為固，城當吳淞入海之口，初去海三里處，最為衝要，尋以海潮侵蝕，東北隅漸傾入海。」

補馬頭記事

舊志，長樂東濱海有海堤，北有馬頭江，納西北眾流入於海，風濤洶湧，中有巨石焉，如馬首狀，隨潮隱見，舊傳馬頭石，吳王造戰船處也，亦名吳艦頭。漢吳王濞反，獨東甌王搖從之，故濞於此造船，明太監鄭和泊舟焉，改為太平港，十洋市在港東。

讀史方輿紀要卷九十六福州府：

「志云，馬頭江為閩縣極南界，西北眾流悉入焉，風濤洶湧，中有巨石，形如馬首，隨潮隱見，為舟行患。大抵閩江上流至馬瀆，漸廣而緩，馬頭當眾流入海處，勢力尤浩瀚也。」

「馬頭江在長樂縣城西北半里，自閩縣流入境，江西益闊。又東北與大洋相接，波濤震撼，乘舟入郡，常虞風潮之阻。志云，由縣城西北入馬江曰太平港。舊名吳船頭，相傳吳王濞造船處，似誤，蓋吳越遣兵入閩，嘗泊舟於此也。明朝永樂中太監鄭和由此入海，改曰太平港。」

乾隆長樂縣志：

「太平港在縣西半里許，舊名馬江。明永樂七年，內寺鄭和使西洋，海舟皆泊於此，因改今名。」又，「十洋新街在縣前直下百步許，街如十字。因名。」又「十洋通衢坊在十洋街中，舊為十洋門，久廢。明隆慶知縣蔣以忠因築十洋新街，遂建此坊，坊有四面，其中總題曰十洋通衢，北曰聯科狀元，為馬鐸李騏立，南曰累世名鄉，東曰兄弟文宗，為陳瑞陳省立，西曰父子解元，為林賜林僑立，基存。」又「永樂十年壬辰，首石山鳴。讖云，首石山鳴出大魁，十洋成市狀元來。是年山鳴，適三寶太監駐軍十洋衛，人物輳集如市，是科邑人馬鐸狀元及第，戌戌又鳴，邑人李騏亦狀元及第」云。

第九章 餘韻穿透時空

鄭和是吾國偉大的航海家，人類歷史上第一個最大規模、航行最遠，而不事侵略的大航家，象徵中華文化的包容性。理應在《明史》有詳盡記述，可惜只有極簡數十字，頗感意外。

這個原因可能是以儒家文化為核心思維的那些史家或史官，對「太監」這種身份的人，不被視為正常，因此鄭和的功勞只能略記，幾筆帶過。

保存在泉州東邊市郊之《鄭和行香碑》，全文僅46字，為目前所發現七塊與鄭和航海史有關的石碑之一，為珍貴省籍保護文物。

幸好有鄭和同時人的民間作家，有隨鄭和出使，留下個人著作，如費信《星槎勝覽》等。另有目前僅存的六塊（或七塊）石碑（或七塊），也有簡略的記錄鄭和下西洋事蹟。

鄭和是明成祖選為欽差正使總兵太監，主導下西洋的航海事業，船隊出發前，他一定會到天后宮拜海神媽祖，祈求船隊航海平安。

一九三〇年出土的《福建長樂南山寺天妃靈應記碑》曰：「皇上嘉其忠誠，命和等統率官校旗軍數萬人，乘巨舶百餘艘，貨幣往貨之，所以宣德化而柔遠人也。自永樂三年奉使西洋，迨今七次，所歷番國，由占城國、爪哇國、三佛齊國、暹羅國，直逾南天竺、錫蘭山國。……」

在泉州東郊外，有「靈山伊斯蘭教聖墓」，後方有《鄭和行香碑》：「欽差總兵太監鄭和，前往西洋忽魯謨斯等國公幹，永樂十五年五月十六日於此行香。望靈聖庇佑。鎮撫蒲日和記立。」

僅四十六個字，記錄永樂十五年（一四一七年），鄭和第五次出使西洋前到泉州，也證明他對回教的信仰。另泉州清淨寺，鄭和也曾到寺祭拜，在十五世紀，中國之泉州，有如當時世界之「紐約」。

鄭和在第六次出使回朝後，擔任守備南京六年，此期間負責重建大報恩寺及建造琉璃寶塔工程。可見他不光是偉大的航海家，還是優秀建築師。

大報恩寺，始建於三國東吳孫權時代，元代毀於大火。明成祖為報答生母碽妃養育之恩，下令重建，並將之改名「大報恩寺」。

泉州的清真寺，始建於一〇〇九至一〇一〇年間，為中國現存最古老的阿拉伯式清真寺。清嘉慶年間蔡永蒹，抄《西山雜誌》中的三寶下西洋條中，曾記載了鄭和到此寺祭拜。

陳廷杭工程師與館長王連茂(右)於泉州海交館二樓，展示之鄭和船隊模型前合影留念。

鄭和親自主持是項工程，歷十九年完工，到宣德六年八月初一全部完成。根據記載，琉璃寶塔為紀念碽妃，其壯觀華麗，為明代南京第一大剎，後世公認「中世紀七大奇觀之一」。可惜清咸豐時毀於戰火，殘餘碎片已收藏在南京博物院。

鄭和在第六次出使回朝後，成祖晏駕，新的君臣認為下西洋是弊政，停止了該項政策。但到宣宗即位後，很多朝貢國又不來朝貢，乃有第七次下西洋。

第七次下西洋前，鄭和奏請重建淨覺寺（南京市城南），這是南京市最古老，也規模最大的回教清真寺。圖中所見，是鄭和第十九世孫鄭自強。

鄭和身為太監，並無有自己血緣的後

裔，而以其兄馬文銘之子為嗣。（鄭是皇帝賜的姓）。所以，南京鄭姓和雲南昆明馬姓，原是一家人。在鄭自強的努力下，鄭、馬「兩家人」約五十人，曾在一九八三年相聚留念，一九八四年在南京出版《南京鄭和後裔世襲表》。

關於鄭和下西洋這種壯舉，為何在中國沒有持續下去？恆久性的進行海洋大探索。近百年來已有很多研究，最後定論在中國的世界觀，「柔遠人，則四方歸之；懷諸侯，則天下畏之。」

但筆者以為，根本原因是中國古來是「陸國」思想，對海洋沒有「企圖」；我國又是得天獨厚的「大陸國」，自己擁有一切資源，無求於外，沒有需要，就沒有探索動力。

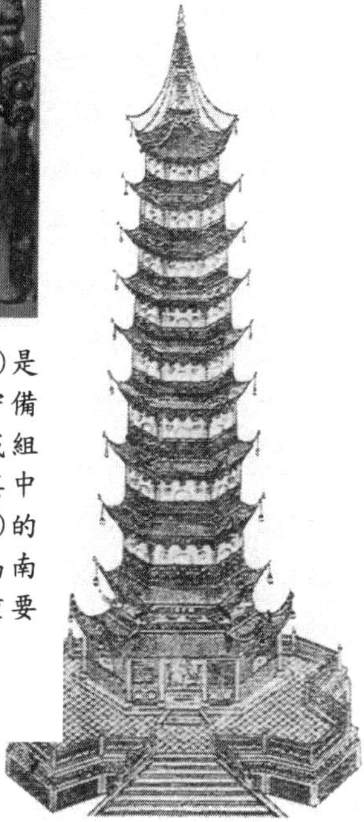

大報恩寺（右）是鄭和任南京守備期間，奉明成組之命重建。其中之琉璃塔（左）的部分殘餘，為南京市博物院重要蒐藏之一。

其次要原因，國家養這麼大的艦隊，必須要有「市場」（或獲利基礎）才能持久，虧本生意只能做一時，不能永久；如果沒有這些支持，國家財政不能長期負擔。

位於南京安德門外石子崗的浡泥國王目前，神道兩旁尚存石馬、石羊、石獅等遺跡。鄭和率領船隊初使西洋，曾拜訪此國。國王麻那惹加那於永樂六年(1408 年)前來訪問，同年十月不幸病逝南京，明成祖命工部將之安葬於此。

《故馬公墓誌銘》置於鄭和父親馬哈指只墓。內容敘述了馬哈只的先人家世、生卒年月、生平德行、家庭子女及鄭和的事蹟等情況。為鄭和第一次下西洋前夕，請大學士禮部尚書李至剛所撰寫的。

浡泥國王墓，因年代久遠已淹沒在荒野蔓草間，直到 1958 年才被發現。這塊字跡依稀可見之碑文，是當年文物古蹟普查員發現墓地的起點。

浡泥國即今加里曼丹島北部之文淶。

淨覺寺是南京市最古老、最壯觀的一座伊斯蘭寺院，鄭和於第七次下西洋前夕奏請修葺此寺。佇於寺前是鄭和第十九世孫鄭自強。

【古今地圖對照】

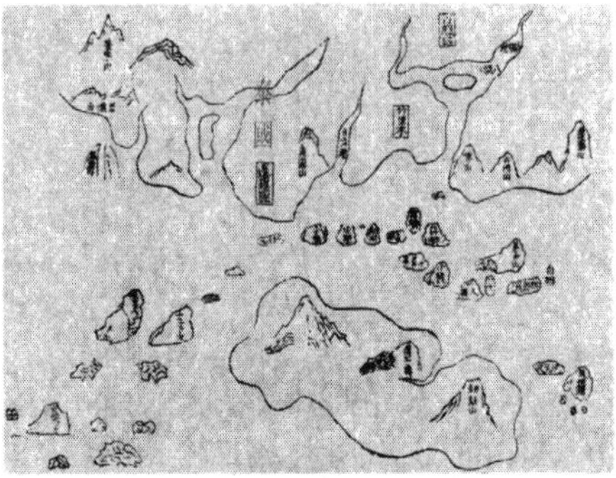

鄭和傳奇的航海事蹟，後人在其故里雲南昆陽設立鄭和紀念館，環境清幽有著中國庭院的古樸雅淨，但館中與鄭和有關的遺物並不多。

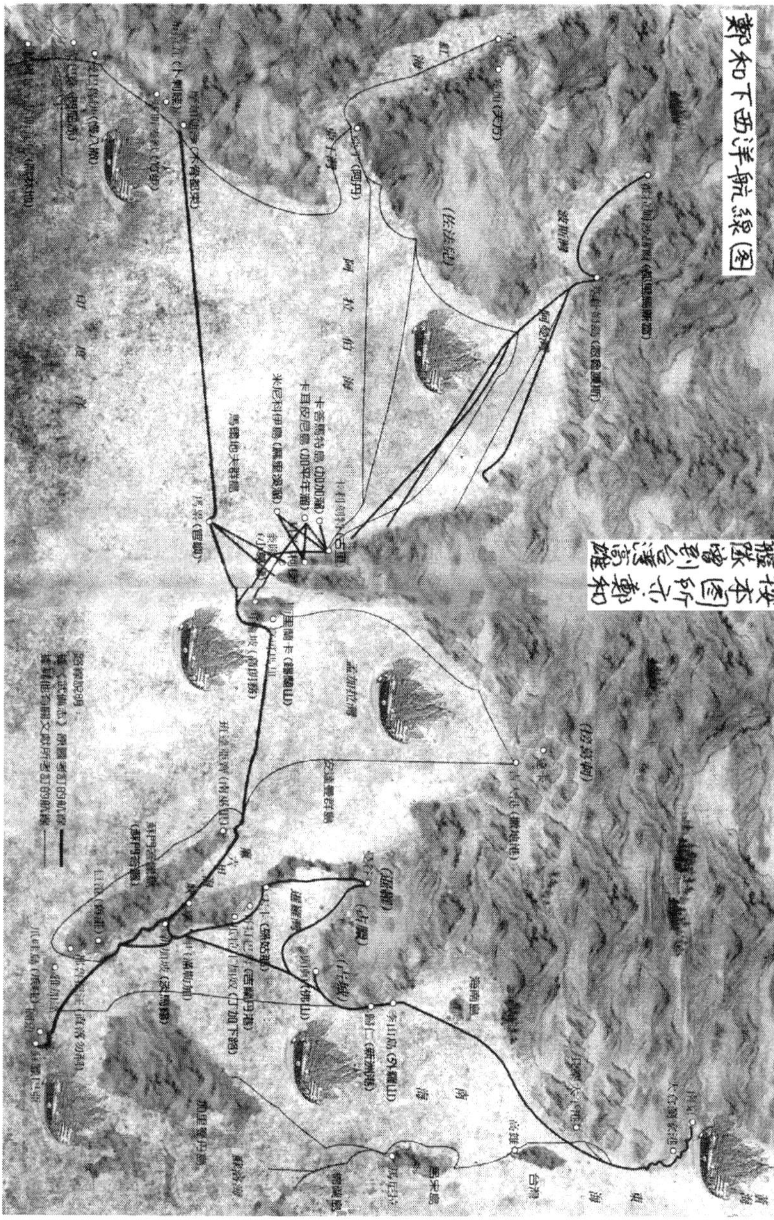
鄭和下西洋航線圖
按本圖所示，艦隊曾到台灣高雄

以今之美國為例，十多艘航母的大艦隊，天天繞著海洋轉，那是美國的政經實力幾乎佔領全地球的市場，保證強大的獲利。所以養得起大艦隊，如果失去這些獲利基礎，航母都成了廢鐵塊。

今之中國也一樣，若不改革開放，取得重大成就，在科技政經等達到世界前列水準，才有可能建立航母艦隊。光靠農民養豬種地瓜，別說養航母，就是養一條普通船也有困難。

大明時代和今之中國，乃至美國，時空地人環境都不一樣，但道理一樣，原理相同。人，必須吃飽喝足，行有餘力，才會想到對外發展的事，國家想必也差不多吧！

在中南半島、南洋一帶，有很多鄭和相關的古蹟、寺廟，甚至每年農曆六月二十九日，是紀念鄭和的慶祝活動。在海外鄭和所享有的榮耀、尊崇，似乎高於在自己的祖國，這應該是事實，儒家文化下他只是太監。

雅加達國家歷史博物館中列有數百只中國陶瓷，從漢朝至明朝皆有，可見中國人來印尼的歷史已逾千年。

直到一九〇四年，梁啟超先生開先河，稱鄭和是「祖國大航海家」後，學術界對鄭和七下西的評價，開始有了根本性的轉變。到現代中國的崛起，開始感受到新的敵人和威脅來自海洋，鄭和的大航海也給了現代中國人，有新的啟示。

千禧年之際，中國人有一股「鄭和熱」，因為鄭和是比哥倫布更早的大航海家。這是全球第一個率領龐大艦隊的大航海壯舉，中國人的民族自信心得到鼓舞。

但，鄭和是「全球第一個不事侵略的大航海家」，是筆者給鄭和的最新和最高定位。相對於西方的大航海，不論早的荷蘭、西班牙，或較晚的英美，都在搞殖民帝國，其目的不外三：（一）以傳上帝基督信仰為名，改變原住民信仰，不信上帝基督者，大致就是屠殺掉；（二）可佔領掠奪，把金銀運回本國；（三）可奴役利用，壓迫勞力或販賣人口。

而這些目的，在鄭和七下西洋都沒有發生，這是因為中華文化的血液中，根本不存在這種動機，也就沒有這種邪惡的目的，這是中華文化和西方文化的不同。

中國自古以來就是東亞大國，亦是強國，歷代帝王也不事侵略。明太祖曾言：「四方諸夷……彼既不為中國患，而我興兵輕犯，亦不祥也。吾恐後世子孫倚中國富強，貪一時戰功，無故興兵，致傷人命，切記不可……」

相較於西方強權，在北美、南美、加拿大、澳洲……都大量屠殺原住民，險些造成原住民滅種。就是美國開國「英雄」傑佛遜・華盛頓等，都以販賣黑人、屠殺原住民為其「豐功偉業」，這難道就是西方文明的「文明」嗎？

在泰國有許多以鄭和小名"三保"命名事例—此座華人寺廟位於昭披耶河邊，但並非供奉鄭和。

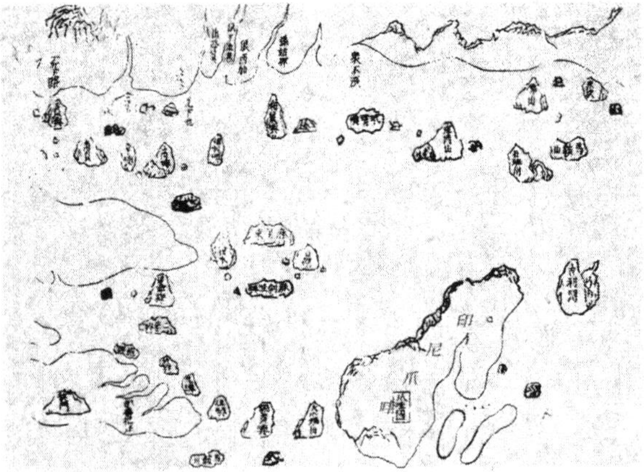

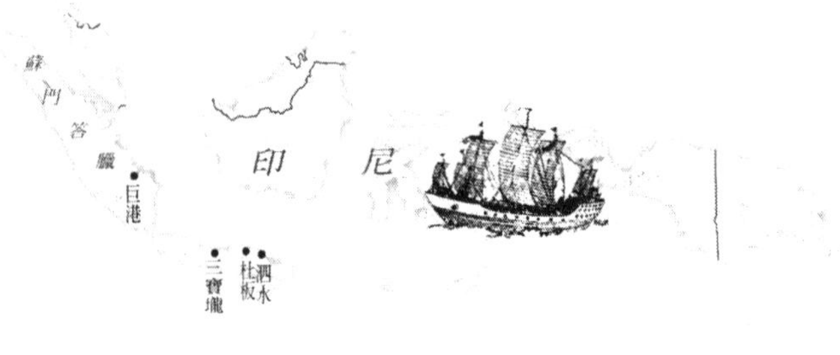

三寶壠每年農曆 6 月 29 日舉行紀念鄭和慶祝活動，這天是鄭和登陸三寶壠的日子。慶典高潮是將大覺寺裡的三保大人神像迎到郊外的三保宮，過完香後再請回寺中，活動一直持續到 30 日。

麻六甲的三寶山下，鄭和石像靜置於路旁一家汽水工廠內，為華僑緬懷鄭和所訂製。這曾是萬人船隊的駐紮之地，如今雖已荒塚壘壘，卻見證了華人在此的歷史足跡。

【古今地圖對照】

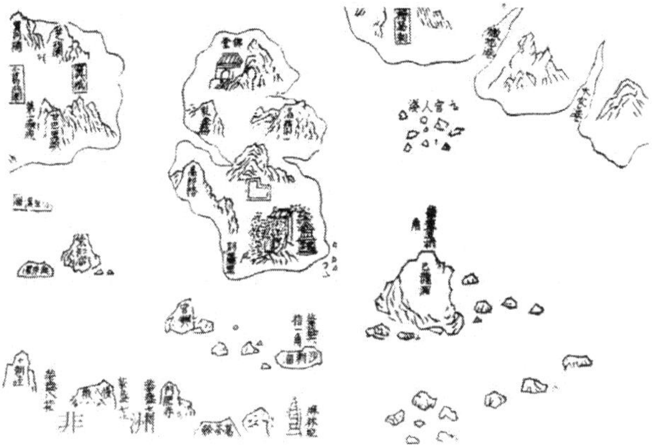

【古今地圖對照】

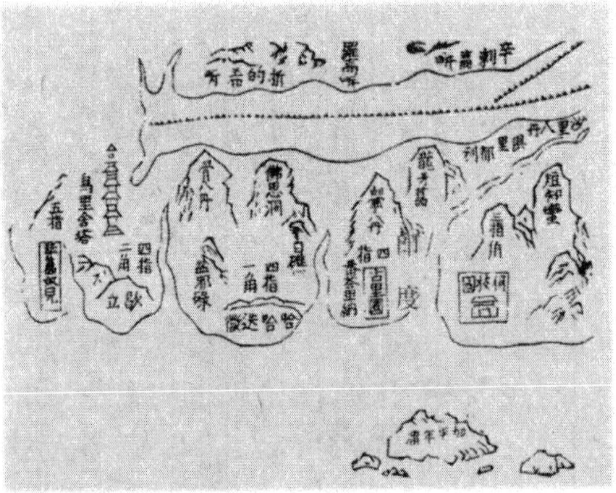

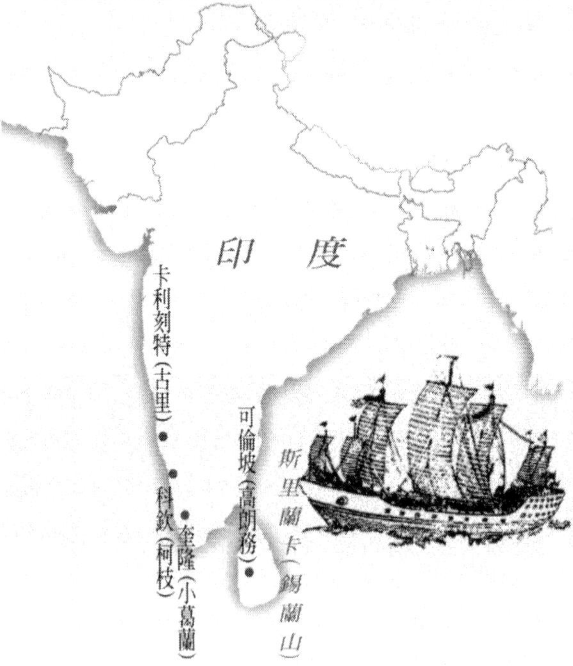

一四一八年鄭和船隊抵達之時，亞丁港已是世界上少數幾個繁榮海港之一，而今因葉門的國貧民窮，榮景不再。

【古今地圖對照】

附件一《鄭和航海圖》加註現代重要地名

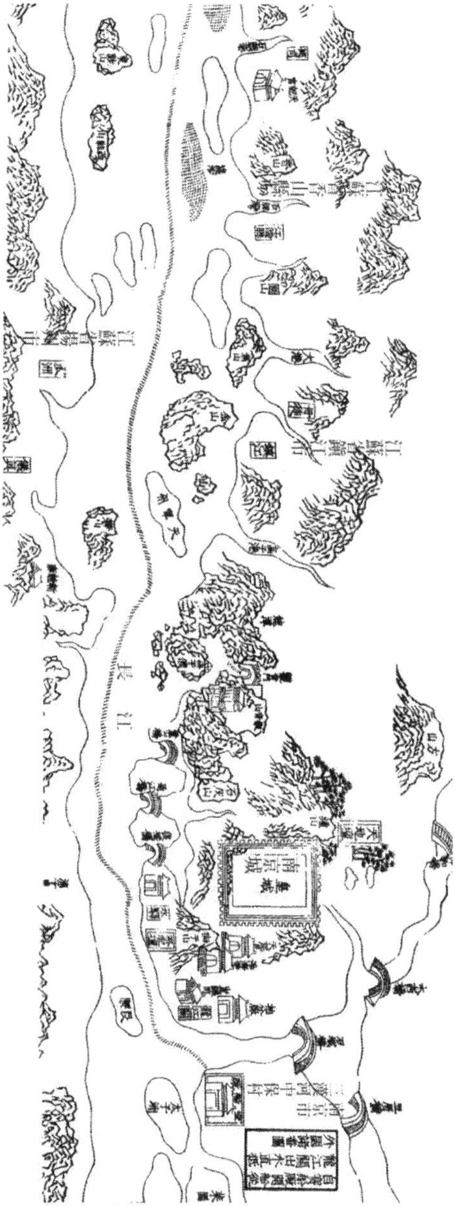

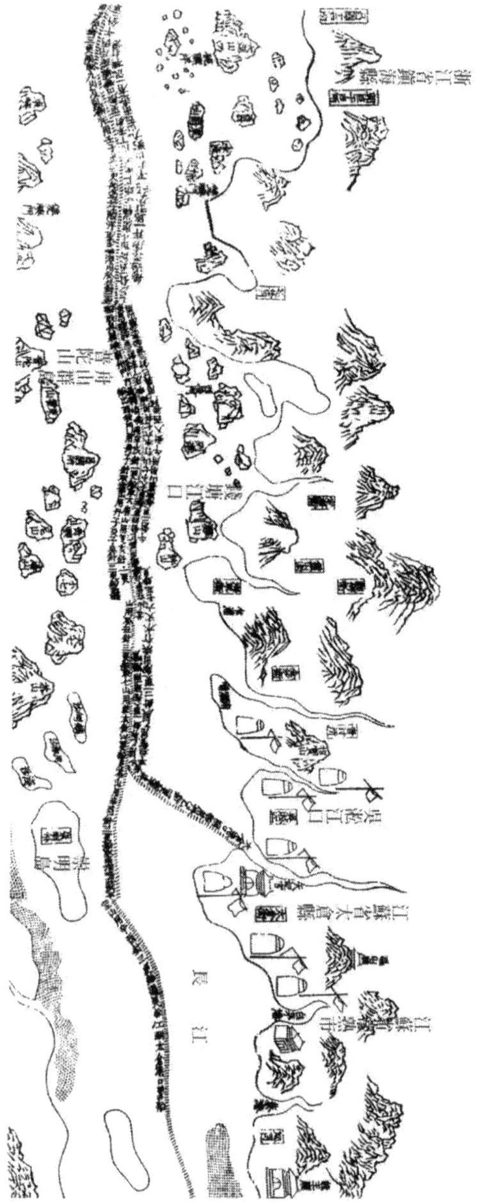
長江

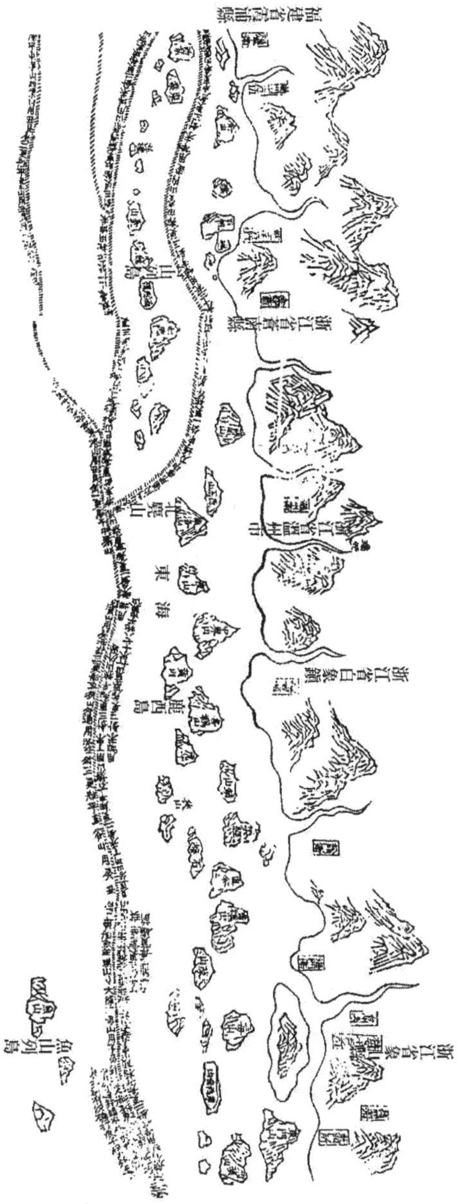
福建省霞浦縣
北麂山
東海
鹿西島
魚山列島

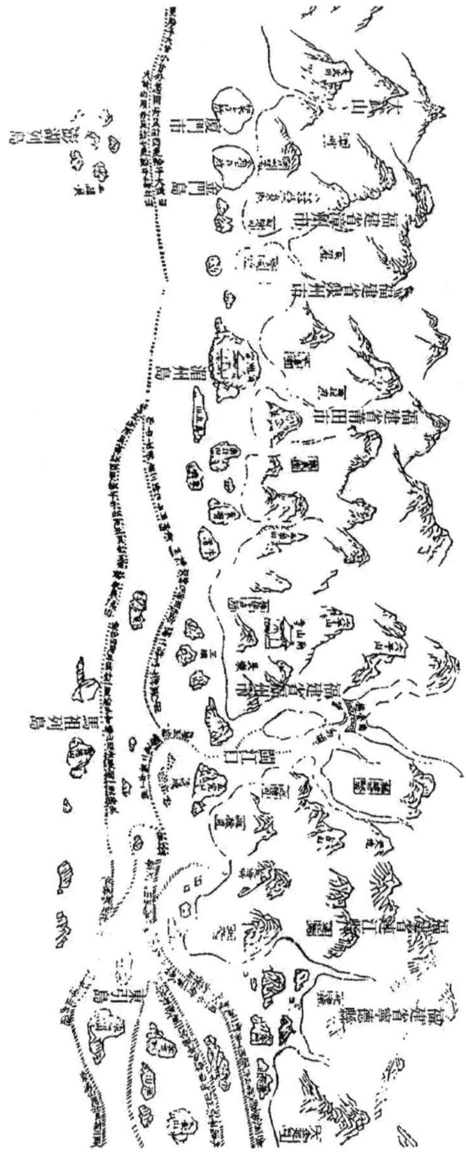
太武山
廈門市
金門島
澎湖列島
福建省漳州市
福建省泉州市
湄州島
福建省莆田市
福建省福州市
閩江口
馬祖列島
福建省連江縣
東引島
福建省寧德縣

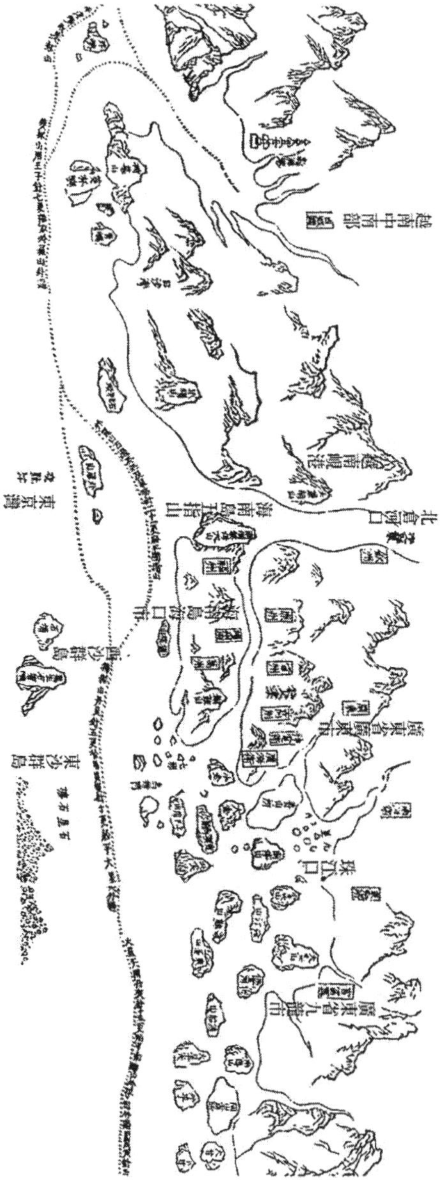
越南中南部
北倉河口
海南島五指山
東京灣
海南島海口市
西沙群島
東沙群島
珠江口
廣東省九龍市

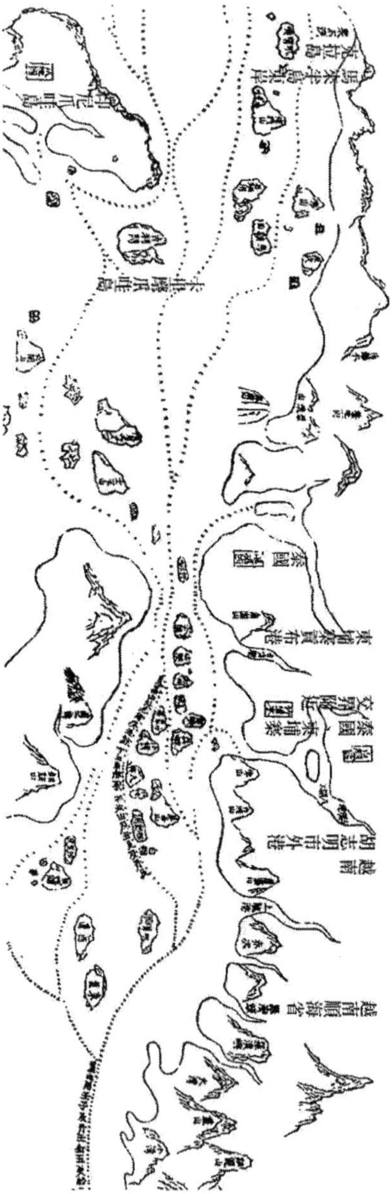
越南順海省
越南
胡志明市外港
泰國

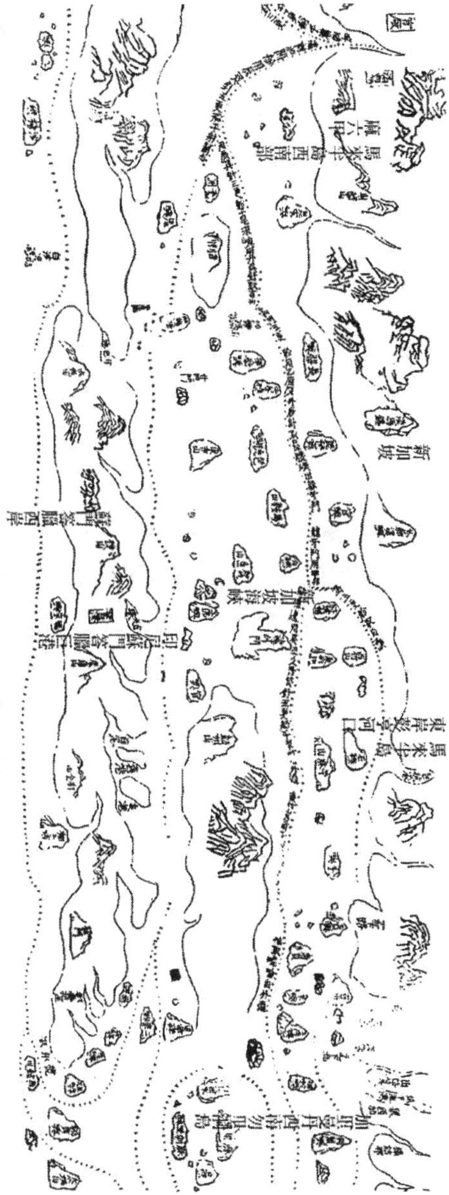
馬來半島西南部
麻六甲
新加坡
新加坡海峽
蘇門答臘西岸
印尼蘇門答臘巨港
馬來半島東岸彭亨河口
加里曼丹西部外島

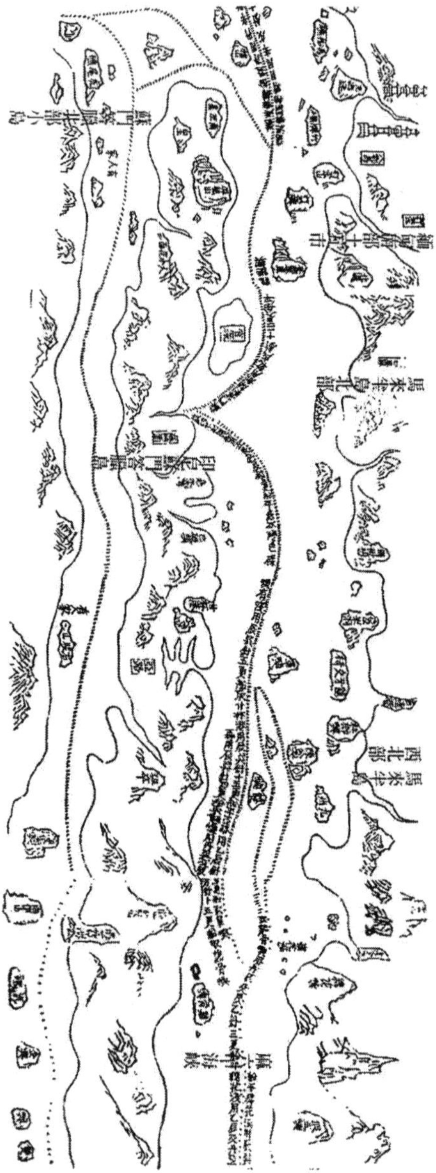

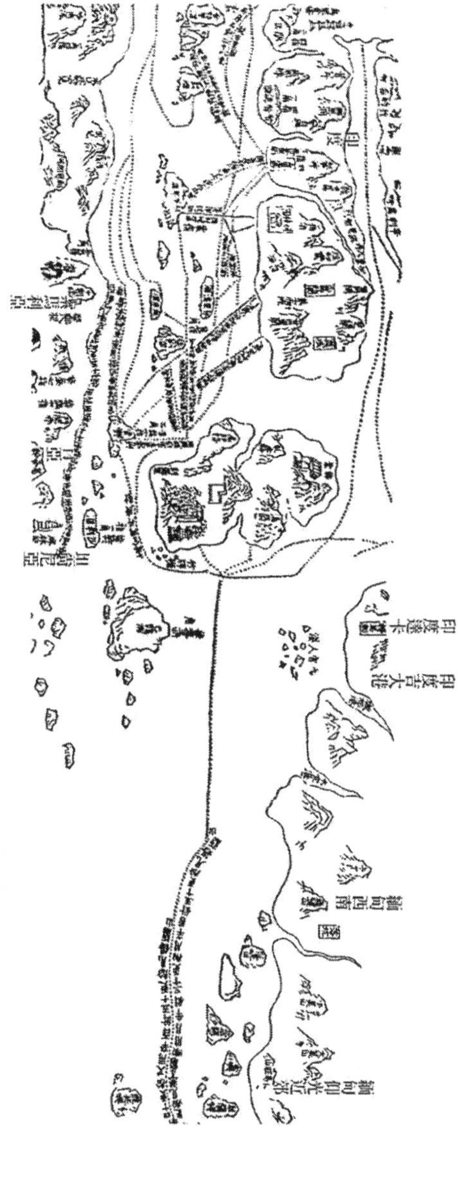
印度
印度達卡
印度吉大港
緬甸西南
緬甸仰光近郊

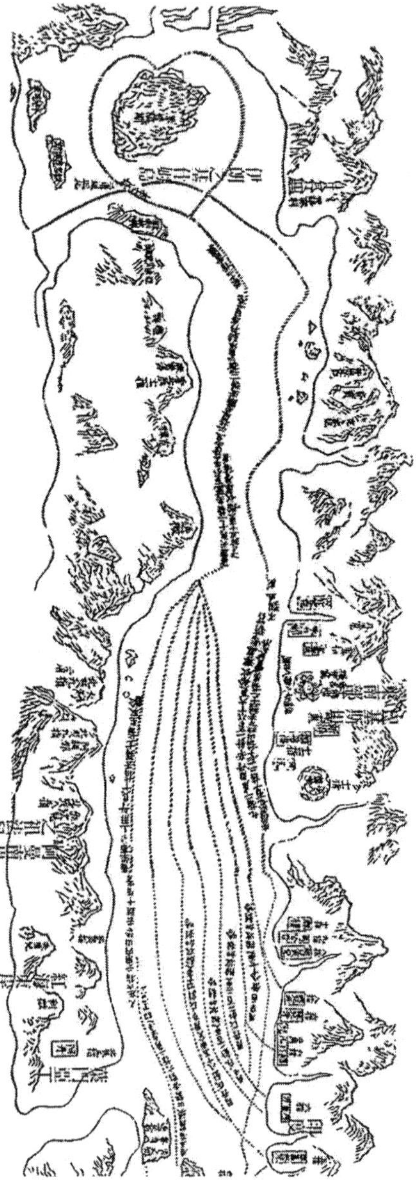

附件二　鄭和年表

鄭和生於明洪武四年（一三七一年）辛亥，卒於明宣德九年（一四三四年）甲寅，享年六十四歲（另有一說認為，鄭和卒於宣德十年乙卯，享年六十五歲）。他一生大致可以分為兩個階段，三十五歲以前，出入軍旅，建立戰功，為軍事生活時期；三十五歲以後，遠洋各國，從事交涉，為外交生活時期。以下以年表方式介紹其生平。

年號　洪武

一三七一年（洪武四年辛亥）　鄭和生於雲南昆陽州

一三八一年（洪武十四年辛酉）　十一歲。明軍入雲南。

一三八二年（洪武十五年壬戌）　十二歲。父親馬哈只去世。明軍克復雲南。

一三八三年（洪武十六年癸亥）　十三歲。應是於此年進北平燕王府。

一三八七年（洪武二十年丁卯）　十七歲。明軍平定遼東，全國統一。

一三九八年（洪武三十一年戊寅）　二十八歲。明太祖朱元璋駕崩。

年號建文

一三九九年（建文元年）　二十九歲。燕王朱棣起兵，鄭和隨軍隊作戰。建文帝派遣軍隊征服燕軍，大敗。

一四〇〇年（建文二年庚辰）　三十歲。燕王圍蔚州。

一四〇一年（建文三年辛巳）　三十一歲。燕師下南京。

一四〇二年（建文三年壬午）　三十二歲。朱棣自立為帝，建文帝下落不明。

年號永樂

一四〇五年（永樂三年乙酉）　三十五歲。七月偕王景弘等人，第一次下西洋。

一四〇六年（永樂四年丙戌）　三十六歲。途中到訪占城、爪哇、舊港（在舊港擒海盜陳祖義回朝）、蘇門答臘、南巫里、古里等地，可能也到過錫蘭。

一四〇七年（永樂五年丁亥）　三十七歲。十月回國後，立即偕王景弘、侯顯等人第二次下西洋。

一四〇八年（永樂六年戊子）　三十八歲。圖中到訪占城、暹羅、爪哇、蘇門答臘、南巫里、古里、柯枝等地。

一四〇九年（永樂七年巳丑）　三十九歲。大約於七、八月間回國。十月又偕費信、王景弘第三次下西洋。

一四一〇年（永樂八年庚寅）　四十歲。途中到訪占城、爪哇、滿剌加、蘇門答臘、錫蘭山、柯枝、古里、暹羅、南巫里、加異勒、甘巴里、阿撥巴丹等國。在錫蘭曾遭亞烈苦奈兒襲擊，最後擒錫蘭王回京。

一四一一年（永樂九年辛卯）　四十一歲。七月回朝。

一四一三年（永樂十一年癸巳）　四十三歲。十月偕馬歡第四次下西洋。

一四一四年（永樂十二年甲午）　四十四歲。途中到訪占城、爪哇、舊港、滿勒加、蘇門答臘、錫蘭、柯枝、古里、溜山、忽魯謨斯、加異勒、彭亨、急蘭丹、阿魯、南渤利等國。在蘇門答臘曾與蘇干剌作戰。

一四一五年（永樂十三年乙未）　四十五歲。八月回國。

一四一七年（永樂十五年丁酉）　四十七歲。五月第五次下西洋，六月行經泉州，在泉州城外靈山聖墓行香，立有行香碑。

一四一八年（永樂十六年戊戌）　四十八歲。途中到訪占城、古里、爪哇、滿剌加、蘇門答臘、南巫里、彭亨、錫蘭山、溜山、南渤利、阿丹、麻林、忽魯謨斯、柯枝、沙里灣尼、木骨都束、卜剌哇、剌撒。鄭和七次航行中，所到之地以此次最遠。

一四一九年（永樂十七年己亥） 四十九歲。八月回京。

一四二〇年（永樂十八年庚子） 五十歲。明成祖下令遷都北京。

一四二一年（永樂十九年辛丑） 五十一歲。春季，偕王景弘、馬歡等人第六次下西洋。所到之地有占城、暹羅、滿剌加、蘇門答臘、榜葛剌、古里、西洋瑣里、祖法兒、阿丹、木骨都束、卜剌哇等國。

一四二二年（永樂二十年壬寅） 五十二歲。九月回國。

一四二四年（永樂二十二年甲辰） 五十四歲。九月回國，朱棣已駕崩。

年號洪熙

一四二五年（洪熙元年乙巳） 五十五歲。明仁宗朱高熾即位，因視下西洋為弊政，故廢止此遠航活動。二月，任命鄭和為南京守備。

年號宣德

一四二六年（宣德元年丙午） 五十六歲。朱瞻基即位，為明宣宗。鄭和仍任南京守備。

一四三〇年（宣德五年庚戌） 六十歲。受宣宗之命，準備第七次下西洋。

一四三一年（宣德六年辛亥） 六十一歲。一月，偕王景弘、馬歡、費信、鞏珍等人第七次下西洋。二月，到江蘇太倉瀏家港；四月，到福建長樂太平港。十一月在長樂南山天妃行宮立《天妃靈應之記》碑。

一四三二年（宣德七年壬子） 六十二歲。途中到訪忽魯謨斯等十餘國，分䑸前往古里國時，太監洪保派通事七人前去伊斯蘭教聖地天方（今麥加）。

一四三四年（宣德九年甲寅） 六十四歲。船隊回國，傳說鄭和卒於古里。

（另有一說認為鄭和卒於一四三五年（宣德十年乙卯），享年六十五歲。）

陳福成著作全編總目

壹、兩岸關係

①決戰閏八月
②防衛大台灣
③解開兩岸十大弔詭
④大陸政策與兩岸關係

貳、國家安全

⑤國家安全與情治機關的弔詭
⑥國家安全與戰略關係
⑦國家安全論壇。

參、中國學四部曲

⑧中國歷代戰爭新詮
⑨中國近代黨派發展研究新詮
⑩中國政治思想新詮
⑪中國四大兵法家新詮：孫子、吳起、孫臏、孔明

肆、歷史、人類、文化、宗教、會黨

⑫神劍與屠刀
⑬中國神譜
⑭天帝教的中華文化意涵
⑮奴婢妾匪到革命家之路：復興廣播電台謝雪紅訪講錄
⑯洪門、青幫與哥老會研究

伍、詩〈現代詩、傳統詩〉、文學

⑰幻夢花開一江山
⑱赤縣行腳・神州心旅
⑲「外公」與「外婆」的詩
⑳尋找一座山
㉑春秋記實
㉒性情世界
㉓春秋詩選
㉔八方風雲性情世界
㉕古晟的誕生
㉖把腳印典藏在雲端
㉗從魯迅文學醫人魂救國魂說起
㉘六十後詩雜記詩集

陸、現代詩（詩人、詩社）研究

㉙三月詩會研究
㉚我們的春秋大業：三月詩會二十年別集
㉛中國當代平民詩人王學忠
㉜讀詩稗記
㉝嚴謹與浪漫之間
㉞一信詩學研究：解剖一隻九頭詩鵠
㉟囚徒
㊱胡爾泰現代詩臆說
㊲王學忠籲天詩錄

柒、春秋典型人物研究、遊記

㊳山西芮城劉焦智「鳳梅人」報研究
㊴在「鳳梅人」小橋上
㊵我所知道的孫大公

㊶為中華民族的生存發展進百書疏
㊷金秋六人行
㊸漸凍勇士陳宏

捌、小說、翻譯小說

㊹迷情・奇謀・輪迴、
㊺愛倫坡恐怖推理小說

玖、散文、論文、雜記、詩遊記、人生小品

㊻一個軍校生的台大閒情
㊼古道・秋風・瘦筆
㊽頓悟學習
㊾春秋正義
㊿公主與王子的夢幻、
51洄游的鮭魚
52男人和女人的情話真話
53台灣邊陲之美
54最自在的彩霞
55梁又平事件後

拾、回憶錄體

56五十不惑
57我的革命檔案
58台大教官興衰錄
59迷航記、
60最後一代書寫的身影
61我這輩子幹了什麼好事
62那些年我們是這樣寫情書的
63那些年我們是這樣談戀愛的
64台灣大學退休人員聯誼會第九屆理事長記實

拾壹、兵學、戰爭

65孫子實戰經驗研究
66第四波戰爭開山鼻祖賓拉登

拾貳、政治研究

67政治學方法論概說
68西洋政治思想史概述
69中國全民民主統一會北京行
70尋找理想國：中國式民主政治研究要綱

拾參、中國命運、喚醒國魂

71大浩劫後：日本311天譴說
日本問題的終極處理
72台大逸仙學會

拾肆、地方誌、地區研究

73台北公館台大地區考古・導覽
74台中開發史
75台北的前世今生
76台北公館地區開發史

拾伍、其他

77英文單字研究
78與君賞玩天地寬（文友評論）
79非常傳銷學
80新領導與管理實務

2015 年 9 月後新著

編號	書　　名	出版社	出版時間	定價	字數(萬)	內容性質
81	一隻菜鳥的學佛初認識	文史哲	2015.09	460	12	學佛心得
82	海青青的天空	文史哲	2015.09	250	6	現代詩評
83	為播詩種與莊雲惠詩作初探	文史哲	2015.11	280	5	童詩、現代詩評
84	世界洪門歷史文化協會論壇	文史哲	2016.01	280	6	洪門活動紀錄
85	三搞統一：解剖共產黨、國民黨、民進黨怎樣搞統一	文史哲	2016.03	420	13	政治、統一
86	緣來艱辛非尋常－賞讀范揚松仿古體詩稿	文史哲	2016.04	400	9	詩、文學
87	大兵法家范蠡研究－商聖財神陶朱公傳奇	文史哲	2016.06	280	8	范蠡研究
88	典藏斷滅的文明：最後一代書寫身影的告別紀念	文史哲	2016.08	450	8	各種手稿
89	葉莎現代詩研究欣賞：靈山一朵花的美感	文史哲	2016.08	220	6	現代詩評
90	臺灣大學退休人員聯誼會第十屆理事長實記暨 2015～2016 重要事件簿	文史哲	2016.04	400	8	日記
91	我與當代中國大學圖書館的因緣	文史哲	2017.04	300	5	紀念狀
92	廣西參訪遊記（編著）	文史哲	2016.10	300	6	詩、遊記
93	中國鄉土詩人金土作品研究	文史哲	2017.12	420	11	文學研究
94	暇豫翻翻《揚子江》詩刊：蟾蜍山麓讀書瑣記	文史哲	2018.02	320	7	文學研究
95	我讀上海《海上詩刊》：中國歷史園林豫園詩話瑣記	文史哲	2018.03	320	6	文學研究
96	天帝教第二人間使命：上帝加持中國統一之努力	文史哲	2018.03	460	13	宗教
97	范蠡致富研究與學習：商聖財神之實務與操作	文史哲	2018.06	280	8	文學研究
98	光陰簡史：我的影像回憶錄現代詩集	文史哲	2018.07	360	6	詩、文學
99	光陰考古學：失落圖像考古現代詩集	文史哲	2018.08	460	7	詩、文學
100	鄭雅文現代詩之佛法衍繹	文史哲	2018.08	240	6	文學研究
101	林錫嘉現代詩賞析	文史哲	2018.08	420	10	文學研究
102	現代田園詩人許其正作品研析	文史哲	2018.08	520	12	文學研究
103	莫渝現代詩賞析	文史哲	2018.08	320	7	文學研究
104	陳寧貴現代詩研究	文史哲	2018.08	380	9	文學研究
105	曾美霞現代詩研析	文史哲	2018.08	360	7	文學研究
106	劉正偉現代詩賞析	文史哲	2018.08	400	9	文學研究
107	陳福成著作述評：他的寫作人生	文史哲	2018.08	420	9	文學研究
108	舉起文化使命的火把：彭正雄出版及交流一甲子	文史哲	2018.08	480	9	文學研究

109	我讀北京《黃埔》雜誌的筆記	文史哲	2018.10	400	9	文學研究
110	北京天津廊坊參訪紀實	文史哲	2019.12	420	8	遊記
111	觀自在綠蒂詩話：無住生詩的漂泊詩人	文史哲	2019.12	420	14	文學研究
112	中國詩歌墾拓者海青青：《牡丹園》和《中原歌壇》	文史哲	2020.06	580	6	詩、文學
113	走過這一世的證據：影像回顧現代詩集	文史哲	2020.06	580	6	詩、文學
114	這一是我們同路的證據：影像回顧現代詩題集	文史哲	2020.06	540	6	詩、文學
115	感動世界：感動三界故事詩集	文史哲	2020.06	360	4	詩、文學
116	印加最後的獨白：蟾蜍山萬盛草齋詩稿	文史哲	2020.06	400	5	詩、文學
117	台大遺境：失落圖像現代詩題集	文史哲	2020.09	580	6	詩、文學
118	中國鄉土詩人金土作品研究反響選集	文史哲	2020.10	360	4	詩、文學
119	夢幻泡影：金剛人生現代詩經	文史哲	2020.11	580	6	詩、文學
120	范蠡完勝三十六計：智謀之理論與全方位實務操作	文史哲	2020.11	880	39	戰略研究
121	我與當代中國大學圖書館的因緣（三）	文史哲	2021.01	580	6	詩、文學
122	這一世我們乘佛法行過神州大地：生身中國人的難得與光榮史詩	文史哲	2021.03	580	6	詩、文學
123	地瓜最後的獨白：陳福成長詩集	文史哲	2021.05	240	3	詩、文學
124	甘薯史記：陳福成超時空傳奇長詩劇	文史哲	2021.07	320	3	詩、文學
125	這一世只做好一件事：為中華民族留下一筆文化公共財	文史哲	2021.09	380	6	人生記事
126	龍族魂：陳福成籲天錄詩集	文史哲	2021.09	380	6	詩、文學
127	歷史與真相	文史哲	2021.09	320	6	歷史反省
128	蔣毛最後的邂逅：陳福成中方夜譚春秋	文史哲	2021.10	300	6	科幻小說
129	大航海家鄭和：人類史上最早的慈航圖證	文史哲	2021.10	300	5	歷史

陳福成國防通識課程著編及其他作品

（各級學校教科書及其他）

編號	書　　　　名	出版社	教育部審定
1	國家安全概論（大學院校用）	幼　獅	民國 86 年
2	國家安全概述（高中職、專科用）	幼　獅	民國 86 年
3	國家安全概論（台灣大學專用書）	台　大	（臺大不送審）
4	軍事研究（大專院校用）（註一）	全　華	民國 95 年
5	國防通識（第一冊、高中學生用）（註二）	龍　騰	民國 94 年課程要綱
6	國防通識（第二冊、高中學生用）	龍　騰	同
7	國防通識（第三冊、高中學生用）	龍　騰	同
8	國防通識（第四冊、高中學生用）	龍　騰	同
9	國防通識（第一冊、教師專用）	龍　騰	同
10	國防通識（第二冊、教師專用）	龍　騰	同
11	國防通識（第三冊、教師專用）	龍　騰	同
12	國防通識（第四冊、教師專用）	龍　騰	同

註一　羅慶生、許競任、廖德智、秦昱華、陳福成合著，《軍事戰史》（臺北：全華圖書股份有限公司，二〇〇八年）。

註二　《國防通識》，學生課本四冊，教師專用四冊。由陳福成、李文師、李景素、頊臺民、陳國慶合著，陳福成也負責擔任主編。八冊全由龍騰文化事業股份有限公司出版。